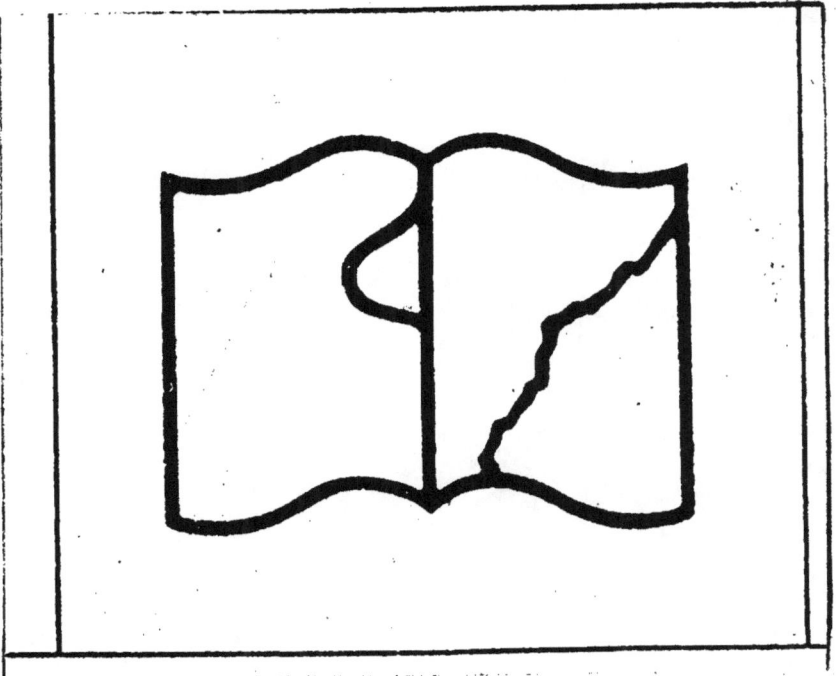

La Princesse de Bagdad.

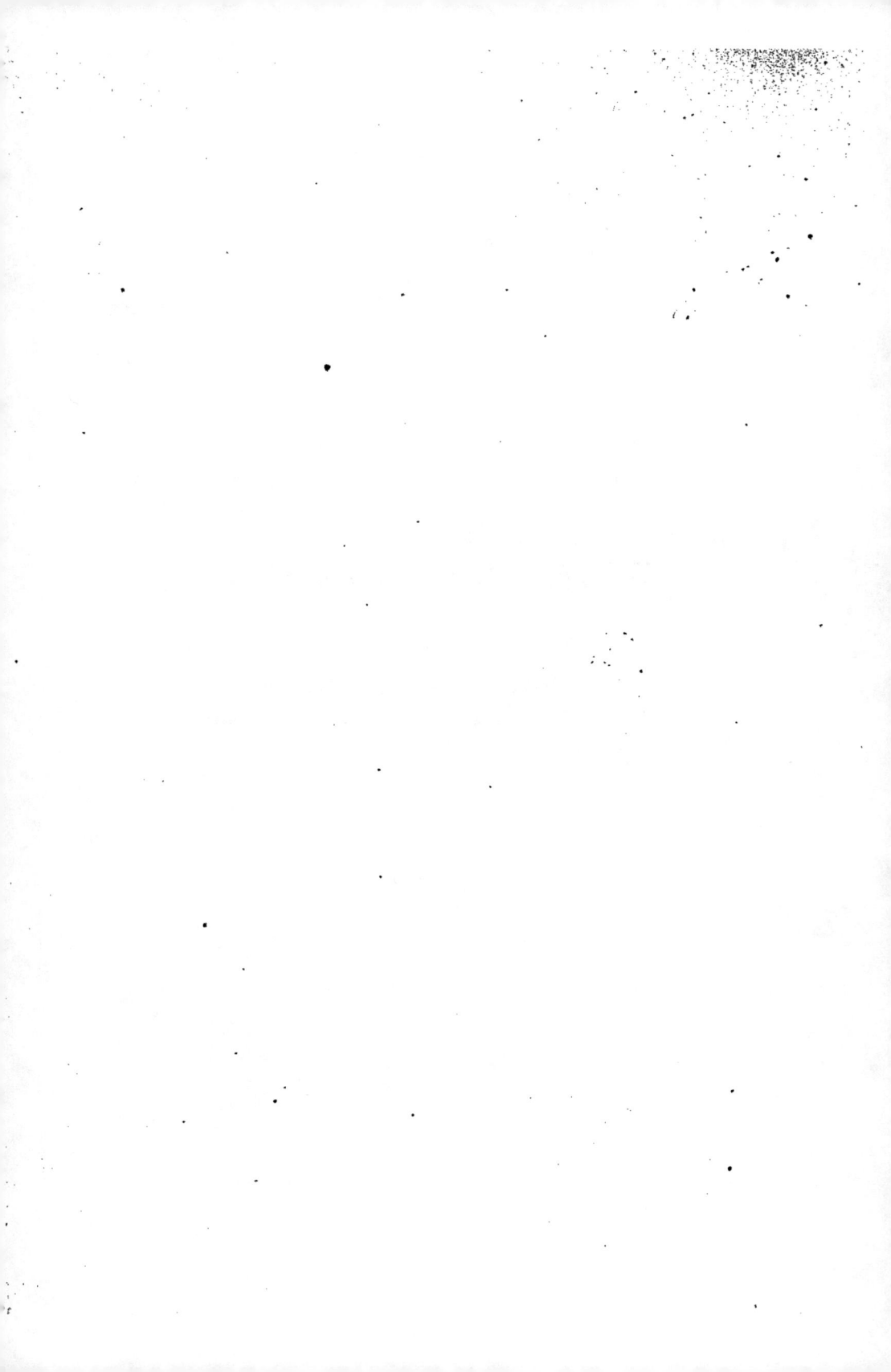

LA

PRINCESSE DE BAGDAD

PIÈCE

Représentée pour la première fois, à Paris,
sur le THÉATRE-FRANÇAIS, le 31 janvier 1881.

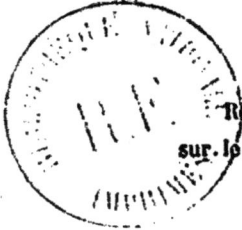

LA PRINCESSE
DE BAGDAD

PIÈCE EN TROIS ACTES

PAR

ALEXANDRE DUMAS FILS

DE L'ACADÉMIE FRANÇAISE

SEPTIÈME ÉDITION

C · L

PARIS
CALMANN LÉVY, ÉDITEUR
ANCIENNE MAISON MICHEL LÉVY FRÈRES
3, RUE AUBER, 3
—
1881

A MA CHERE FILLE

MADAME COLETTE LIPPMANN

« Sois toujours une honnête femme; c'est le fond des choses, vois-tu ! »

(*La Princesse de Bagdad*, acte II, scène 1re.)

PERSONNAGES

JEAN DE HUN....................	MM.	FRÉDÉRIC FEBVRE
NOURVADY....................		WORMS.
GODLER.......................		THIRON.
RICHARD......................		GARRAUD.
TRÉVELÉ......................		BAILLET
UN COMMISSAIRE DE POLICE.....		SYLVAIN.
LIONNETTE....................	MMᵉˢ	CROIZETTE.
RAOUL DE HUN (six ans)........		SUZANNE AUMON.
UNE FEMME DE CHAMBRE........		JAMAUX.
UNE GOUVERNANTE ANGLAISE...		AUMON.
ANTOINE	MM.	ROGER
UN DOMESTIQUE		BÉNARD.
UN SECRÉTAIRE DU COMMISSAIRE DE POLICE.....................		AUGUSTE

DEUX AGENTS.

———

A PARIS.

———

LA
PRINCESSE DE BAGDAD

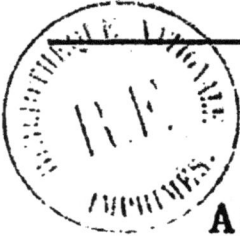

ACTE PREMIER.

Un grand salon très élégant donnant sur un jardin. — Porte-fenêtre avec balcon au
fond à droite. — Serre à gauche, au fond. — A droite, porte donnant dans l'appartement de Lionnette. — A gauche, porte donnant dans l'appartement de Jean.

SCÈNE PREMIÈRE

RICHARD, Le Domestique, puis JEAN et
LIONNETTE.

LE DOMESTIQUE, à Richard qui attend, assis près d'une table en
feuilletant des papiers.

Monsieur le comte me suit.

Jean entre, le domestique sort.

JEAN.

Je suis tout à vous, maître Richard, mais je regrette que
vous vous soyez dérangé.

1

RICHARD.

D'abord, je demeure à deux pas d'ici, et tous les soirs, après mon dîner, je fais une petite promenade. Seulement, je suis en redingote et vous avez du monde.

JEAN.

Des hommes seulement, des amis du cercle. Lionnette est avec eux dans la serre. Je vous écoute.

RICHARD.

Prenez votre courage à deux mains.

JEAN.

Nous sommes ruinés?

RICHARD.

Oui.

JEAN.

Pauvre Lionnette !

RICHARD.

Hélas ! c'est un peu sa faute.

JEAN.

C'est la faute de sa mère qui l'a élevée dans le luxe et dans le désordre. C'est ma faute à moi, qui n'étais pas aussi riche qu'amoureux, qui non seulement ne savais rien lui refuser, mais qui ne lui laissais même pas le temps de désirer quelque chose, qui lui disais d'acheter tout ce qu'elle voulait.

RICHARD.

Et qui lui avez donné par procuration — grave impru- dence — le droit d'acquérir, de vendre, de disposer de son bien, et par conséquent du vôtre, comme bon lui semblerait. — Vous devez un million cent sept mille cent vingt-sept francs cinquante-deux centimes. Quand je dis : vous devez, c'est une façon de parler : votre femme doit. — Là-dessus, il n'y a que trente-huit mille francs de dettes qui vous soient personnelles, et dont, personnellement, vous ayez à répondre, puisque vous êtes marié sous le régime de la séparation de biens.

JEAN.

J'ai autorisé ma femme à faire des dettes, ces dettes sont donc miennes. Or, comme elle n'a pas d'argent, c'est à moi de payer. Mon actif?

RICHARD.

Il y a cet hôtel où nous sommes, qui vaut huit cent mille francs quand on n'a pas besoin de le vendre, qui en vaut de cinq cent cinquante à cinq cent quatre-vingt mille, le jour où l'on est forcé de s'en défaire ; il est hypothéqué pour quatre cent cinquante mille francs.... il y a les chevaux les meubles, les dentelles, les bijoux....

JEAN.

Très peu de bijoux. Depuis un an, Lionnette a vendu tout ce qu'elle avait de bijoux avec cette insouciance, cette gaieté, cette crânerie, qui sont le fond de son caractère et que vous connaissez.

RICHARD.

Eh ! bien, quand vous aurez vendu tout ce que vous pourrez vendre, il vous restera environ quatre cent mille francs....

JEAN.

De capital?

RICHARD.

De dettes.

JEAN.

Et mon majorat !

RICHARD.

Dix mille livres de rentes, incessibles et insaisissables,
heureusement.

JEAN.

Impossible d'en réaliser le capital ?

RICHARD.

Impossible. — Votre oncle avait prévu ce qui arrive, et
en présence de vos habitudes et des volontés de votre mère,
il a voulu, lui, que vous eussiez toujours un morceau de
pain. Reste votre sœur.

JEAN, avec le ton du doute.

Oui, ma sœur ! ·

RICHARD.

Quand vous vous êtes marié, vous savez dans quelles
conditions, il y a sept ans, vous n'aviez plus que ce qui
vous restait de la fortune de votre père, huit ou neuf cent
mille francs environ. Vous avez fait des sommations légales à
votre mère pour épouser Lionnette, — j'appelle votre femme
Lionnette tout court parce que je l'ai vue naître, — et votre
mère, même à l'heure de sa mort, ne vous a pas pardonné.
Elle a avantagé votre sœur et, sur les six millions qu'elle
avait, elle ne vous en a laissé que deux, dont la moitié a
passé à payer les dettes que vous aviez déjà alors. Votre
mère était une femme de tête...

JEAN.

Oui, mais elle aurait dû comprendre...

RICHARD.

Ce n'est pas facile de comprendre et d'excuser ce qui
nous blesse dans nos sentiments les plus chers et dans nos
traditions les plus sacrées. Madame la comtesse de Hun,
votre mère, ne voulait pas pour vous du mariage que vous
avez fait. Elle vous savait homme de première impression,
incapable de résister ... ... premier mouvement. Ces dis-
positions-là sont dang... ...ses, non seulement pour celui
qui les a, mais pour c... ... ...tourent. Mon âge m'au-
torise à vous parler ainsi. Madame votre mère a donc fait
ce que toute mère prudente, sensée, aimant son fils, aurait
fait à sa place. Vous avez, malgré tout, épousé made-
moiselle de Quansas. Je ne dis pas que vous avez eu tort ; je
fais simplement, comme avoué et comme ami, le résumé
d'une situation morale et légale, et, devant les difficultés
présentes, je cherche ce que nous pouvons en tirer. Votre
sœur est mariée, elle a un mari chef de la communauté,
cinq enfants, un héritage consigné aux acquêts, la part qui
devait-vous revenir ayant été laissée et attribuée par votre
mère aux enfants mineurs ; votre mère a fait jurer à votre
sœur de ne jamais rien modifier à ses résolutions. Ce
sont là d'excellentes raisons pour garder l'argent de son
frère. Je suis avoué ; je connais ces légitimes scrupules de
la conscience.

JEAN.

Je partirai dès demain pour Rennes, j'irai voir ma sœur,
elle consentira peut-être pour l'honneur du nom.

RICHARD.

Ce nom n'est plus le sien.

JEAN.

J'essaierai toujours.

RICHARD.

Espérons, ne comptons pas. Votre femme aussi avait une dernière espérance, et elle a fait une dernière tentative auprès de la famille de... son père : elle a échoué.

JEAN.

Oui.

RICHARD.

Il y a encore un moyen.

JEAN.

C'est...

RICHARD.

C'est de convoquer les créanciers et de leur offrir tant pour cent.

JEAN.

Jamais !

LIONNETTE, qui est entrée sur ces dernières paroles.

Jamais ! — Si nous avons une somme supérieure ou égale à nos dettes, il faut les payer intégralement; si nous n'avons qu'une somme inférieure, il faut la donner en acompte et chercher les moyens de nous procurer le reste; si nous ne le pouvons pas, alors nous avons volé tous ces fournisseurs confiants et nous n'avons plus qu'une chose à faire, mon mari et moi, c'est de nous enfermer dans une chambre bien calfeutrée et bien close, d'allumer un réchaud

de charbon et de mourir ensemble. La mort ne paye pas
les créanciers, mais elle excuse un peu et elle châtie les
débiteurs...

JEAN, lui baisant les mains.

Je t'adore !

RICHARD.

Oui, c'est très gentil, mais c'est du drame ou du roman,
ce n'est pas de la réalité.

LIONNETTE.

C'est tout ce qu'il y a de plus simple, au contraire, —
pour moi, du moins : — ou la vie avec tout ce qu'elle peut
donner, ou la mort avec tout ce qu'elle peut pro-
mettre ; je ne comprends pas autre chose. Croyez-vous,
qu'après avoir vécu comme je l'ai fait, à mon âge, je vais
me mettre à vivre dans une mansarde, à aller au marché
et à compter avec la blanchisseuse et la bonne à tout faire.
Je n'ai pas besoin d'essayer, je ne pourrais pas. Chien de
chasse, chien de berger, si vous voulez : chien d'aveugle,
jamais !

RICHARD.

Et votre fils ?

LIONNETTE.

Mon fils, je ne le tuerai pas avec nous, c'est bien évident ;
mais il a six ans, mon fils ; on peut encore l'élever autrement qu'on ne m'a élevée, moi ! On peut lui faire prendre
des habitudes de travail et de médiocrité que je n'ai jamais
eues. Il aura les dix mille livres de rentes de son père, le
majorat inaliénable, qui seraient la misère pour nous, qui
seront l'indépendance pour lui. Les hommes n'ont pas

besoin d'argent ; ils n'en ont besoin que pour leur femme.
Ce sera à lui de ne pas aimer une prodigue comme moi.
et notre exemple lui servira peut-être.

RICHARD.

Là ! — maintenant que nous avons bien dit, ou plutôt
que vous avez bien dit l'inutile et l'insensé, parlons du possible. Il y a longtemps que vous n'avez vu la baronne de
Spadetta?

LIONNETTE.

Je vois le moins de femmes possible, mon cher Richard,
vous le savez bien. Celles qui viendraient à moi, je ne désire pas les voir ; d'autres ont eu l'air de vouloir trop se
faire prier, qu'elles restent chez elles ; chacun est libre.
Les femmes, d'ailleurs, ne sont pour les autres femmes que
des ennemies ou des complices ; des ennemies, j'en ai bien
assez au dehors, sans en attirer chez moi ; des complices,
je n'en ai pas encore eu besoin et j'espère continuer. Je me
contente de la société des hommes ; au moins, avec eux.
on sait à quoi s'en tenir, on sait bien ce qu'ils veulent.
Quant à madame de Spadetta, cela va tout seul : elle m'a
volée. Alors, je l'ai mise à la porte, ou à peu près. En tous
cas, je ne veux plus la voir.

RICHARD.

Elle vous a volée ! comment ?

LIONNETTE.

Elle connaissait ma mère depuis mon enfance : elle était
quelquefois notre intermédiaire, à ma mère et à moi, auprès
de mon père, pour les questions d'intérêt, puisqu'elle occu-
pait une charge importante auprès de lui. — Très peu de

temps avant sa mort, mon père me dit : « Si je viens à mourir, madame de Spadetta te remettra quinze cent mille francs. » Mon père ne pouvait rien me laisser dans un testament officiel et public, et il était incapable de me dire une chose comme celle-là si elle n'avait pas été vraie. — Il a été laissé à madame de Spadetta deux millions, avec cette note : « Je suis certain que madame de Spadetta fera un bon emploi de cette somme. » C'est clair. Elle a tout gardé : c'est simple.

JEAN.

Tu ne m'avais jamais parlé de cela !

LIONNETTE.

A quoi bon ?

JEAN.

Lui as-tu réclamé cette somme ?

LIONNETTE.

Évidemment. Elle a nié.

JEAN, à Richard.

On peut la poursuivre.

RICHARD.

Non ; c'est le fidéi-commis. La loi ne le reconnaît pas, et d'ailleurs...

LIONNETTE.

Je n'ai que ma parole à l'appui de mon dire. Madame de Spadetta m'a répondu que ce que mon père lui avait laissé était en rémunération des services que son mari et elle avaient rendus à mon père depuis trente ans. La vérité est que, sur ces deux millions, il y avait cinq cent mille francs pour ce qu'elle appelle ses services et quinze cent mille francs pour moi. C'est alors que je l'ai mise à la porte.

RICHARD.

Sachant que je suis chargé de vos affaires, elle est venue me trouver....

LIONNETTE.

Pour....

RICHARD.

Pour vous offrir cinq cent mille francs.

LIONNETTE.

De la part de qui? car c'est une personne propre à toutes les ambassades.

RICHARD.

De la part de la famille de votre père.

LIONNETTE.

Qui demande en échange?...

RICHARD.

La remise...

LIONNETTE.

De toutes les lettres de mon père.

RICHARD.

Oui; vous le saviez?

LIONNETTE.

Je m'en doutais, à quelques mots qu'elle m'avait dits. Je refuse.

RICHARD.

Votre mère, avant de mourir, a cédé contre une somme moins importante les lettres qu'elle avait aussi de votre père.

LIONNETTE.

Ma mère a fait ce qu'elle a voulu; moi, je fais ce que je veux; et, comme ma mère est morte, je ne dis pas tout ce que je pense.

RICHARD.

Pourquoi tenez-vous tant à ces lettres?

LIONNETTE.

Vous le demandez, monsieur Richard? Pourquoi tient-on aux lettres d'un père qu'on aimait, qui vous aimait, qui était l'homme qu'était mon père et qui est mort?

RICHARD.

Qu'est-ce que vous comptez en faire?

LIONNETTE.

Les garder, les relire, comme cela m'arrive de temps en temps, lorsque les vivants m'ennuient ou me dégoûtent; et quand je mourrai, les emporter avec moi pour les lui rendre — à lui — s'il est vrai qu'on se retrouve dans la mort quand on s'est aimé dans la vie. Qui sait? après avoir été si puissant sur la terre, il n'aura peut-être que moi au ciel; il faut bien que je garde quelque chose pour me

faire reconnaître — là haut — puisqu'il n'a pas pu me reconnaître ici-bas.

JEAN, à Richard.

Comment ne pas adorer cette femme-là. (Il lui prend la tête
dans les mains et lui baise les cheveux.) Tiens.... tiens....

RICHARD, prenant la main de Lionnette.

Le fait est qu'elle a de la race, et qu'on vous a bien
nommée en vous nommant Lionnette — petite lionne —
mais malheureusement ce n'est pas avec ça qu'on paie les
créanciers, et je vous ai offert le seul moyen qui vous reste.

LIONNETTE.

Dieu a donné, Dieu donnera ; s'il n'y pense pas, au petit
bonheur !

SCÈNE II

LES MÊMES, GODLER, NOURVADY, TRÉVELÉ.

TRÉVELÉ, allant à Lionnette.

Voyons, comtesse, sommes-nous, oui ou non, Godler toujours jeune, Nourvady toujours grave, et moi, Trévelé,
toujours fou ; sommes-nous, oui ou non, invités par vous,
toujours belle, et par votre mari, toujours heureux — il
serait bien difficile s'il ne l'était pas ; — sommes-nous, oui
ou non, invités à dîner à votre table et ensuite à passer la
soirée avec vous?

LIONNETTE.

Oui!

TRÉVELÉ. ·

Alors, belle comtesse, permettez-moi de vous faire ob-
server que vous n'êtes jamais où nous sommes. Veuillez
donc nous renseigner. Quand on vous voit, on vous aime;
mais quand on vous aime, où vous voit-on?

LIONNETTE, souriant.

Ici.

TRÉVELÉ.

Nous l'avons supposé, mais voilà deux heures...

LIONNETTE.

Oh ! pas deux heures...

TRÉVELÉ.

Voilà trois heures que vous nous avez abandonnés au
milieu de la serre. Un domestique est d'abord venu chercher le comte; nous avons accepté cette épreuve; mais,
à votre tour, vous avez disparu sans qu'on eût même
besoin de venir vous chercher. Eh bien, nous sommes
charmants tous les trois, Godler, Nourvady et moi; il est
difficile de trouver trois hommes plus aimables et plus
spirituels, mais nous avons une telle habitude de nous
voir que nous ne nous amusons plus du tout quand nous
sommes seuls ensemble. Donc, si après nous avoir eus
depuis sept heures, vous trouvez qu'en voilà assez, dites-
nous-le tout bonnement. Nous allons remonter en voiture
et nous en aller au cercle où nous ferons une bonne partie
de baccarat; nous tâcherons, Godler et moi, de gagner

une centaine de mille francs à ce millionnaire de Nourvady ; ça le déridera peut-être un peu.

LIONNETTE.

Messieurs, je vous fais toutes sortes d'excuses. Il s'agissait
d'une affaire imprévue, importante. (Elle présente Richard.) Maître Richard, avoué, un vieil ami à moi. (Elle présente les hommes.)
Monsieur de Trévelé, monsieur Godler, monsieur Nourvady.
(Les hommes saluent.) Et maintenant, pour vous remettre de
toutes vos fatigues et de tous vos chagrins, je vais vous
offrir une tasse de thé, ou de café glacé, ou de chocolat.

Elle s'est approchée de la table, sur laquelle, pendant cette tirade, les domestiques ont apporté les objets désignés.

RAOUL, entrant avec sa gouvernante, qui reste près de la porte,
et allant à sa mère.

Maman !

LIONNETTE.

Messieurs, voici monsieur mon fils, que je vous demande
la permission de vous présenter. Salue, Raoul.

Raoul salue déjà comme un homme du monde, en réunissant ses talons et en
baissant la tête, Trévelé et Godler l'embrassent, Nourvady lui baise la main,
après avoir hésité un moment. Raoul revient à sa mère qui l'embrasse, en
le prenant par le cou.

RAOUL.

Prends garde, tu vas chiffonner mon col.

LIONNETTE.

Je te demande pardon, c'est que j'avais besoin de t'embrasser. Tu ne m'aimes donc pas ?

RAOUL.

Si ! je t'aime bien.

LIONNETTE.

Alors, tu vas m'aider à servir le thé.

RAOUL.

Non. Je viens te demander de ne pas me coucher encore.
J'aime mieux aller jouer avec le petit neveu de miss Jane
qui est venu la voir avec sa mère, mais elle ne veut pas
sans ta permission.

LIONNETTE.

Eh ! bien, je permets. Va, mon enfant, va.

RAOUL.

Adieu !

Il court pour sortir.

LIONNETTE.

Et tu sors comme cela ? (Raoul salue de nouveau et veut sortir.
Lionnette, lui montrant Richard.) Et monsieur Richard ? Et ton
père ?

A chaque nom prononcé, Raoul passe à la personne nommée qui l'embrasse.
On voit qu'il a hâte de s'en aller. Quand il arrive à Jean, Jean le prend
dans ses bras et l'embrasse avec effusion.

JEAN.

Sois tranquille, je ne chiffonnerai pas ton col.

Il remet l'enfant à terre, celui-ci va de nouveau pour sortir.

LIONNETTE, qui pendant ce temps-là sert le thé.

Et moi, Raoul ?

Raoul revient sur ses pas et embrasse sa mère.

LIONNETTE, avec un soupir.

Va jouer, mon enfant, va; et amuse-toi bien.

Lionnette, une tasse dans chaque main, présente l'une à Godler, l'autre à Trévelé.

GODLER, approchant ses lèvres de la main de Lionnette.

Baiserai-je, papa?

LIONNETTE.

Si vous voulez !

TRÉVELÉ.

Et moi?

LIONNETTE.

Et vous aussi. Seulement prenez les tasses, parce que vous allez me brûler les mains avec le thé.

GODLER.

A vous, Nourvady?

NOURVADY.

Merci, je ne demande rien, moi, pas même du thé.

Jean cause dans un coin avec Richard.

TRÉVELÉ.

Et la comtesse aura raison de ne jamais rien vous donner. Les gens qui ne demandent rien sont souvent ceux qui veulent trop. Sous prétexte qu'il a quarante millions...

NOURVADY.

Mon argent n'a rien à faire ici.

TRÉVÉLÉ.

Évidemment; mais c'est égal, quand on a quarante mil
lions, on trouve une foule de choses plus faciles que quand
on n'en a plus qu'un, comme moi. Eh bien, il faut le dire
à la louange de Nourvady, il a beau avoir deux millions de
rentes au moins, — parce que c'est un monsieur qui sait
faire valoir ses capitaux — c'est encore celui de nous trois
qui est le plus sentimental, et qui prend le plus l'amour
au sérieux. C'est un Antony millionnaire, et, à notre épo-
que, c'est curieux !

GODLER.

Et utile.

*Richard et Jean, qui ont causé dans un coin de salon, s'acheminent vers
la terrasse où ils causent encore en vue du public*

NOURVADY.

Je ne sais pas pourquoi Trévélé me prend toujours à
partie à propos de ma fortune, dont je parle cependant le
moins possible. Je suis riche ; ce n'est pas ma faute. Si cela
eût dépendu de moi seul, cela ne fût certainement pas
arrivé. Je suis un trop petit esprit pour pouvoir gagner
quarante millions. Heureusement, j'avais un père très in-
telligent et en même temps très honnête. Ce père avait,
à Vienne, une grande maison de banque qui a prospéré. Il
est mort me laissant quarante millions. Il m'a bien fallu
me résigner à les prendre.

LIONNETTE, riant.

Résignation facile, je crois, et que j'aurais comme vous.

NOURVADY.

Hé! madame, la fortune est une charge comme une autre,
pour un homme du moins, car les femmes ont pour dé-

2

penser l'argent plus de grâce et d'esprit que nous. Mais, avec beaucoup de simplicité, quelques efforts intellectuels, un peu d'ingéniosité dans la manière de rendre service, — il y a quelquefois moyen de s'en tirer, — pour un homme.

TRÉVELÉ.

Et vous vous en tirez très bien, mon cher ! Si nous vous plaisantons sur vos millions, c'est qu'ils sont la seule chose qu'on puisse plaisanter en vous.

NOURVADY, lui tendant la main.

Croyez bien, mon cher Trévelé, que je ne me blesse jamais de vos plaisanteries.

GODLER, à Trévelé.

Et c'est bien heureux pour toi, parce que si Nourvady était susceptible, tu passerais un mauvais quart d'heure.

TRÉVELÉ.

Parce que ?

GODLER.

Parce qu'il tue cinquante pigeons sur cinquante coups de fusil.

TRÉVELÉ.

Mais je ne suis pas un pigeon.

GODLER.

Qu'il fait onze mouches pleines sur douze balles et que la douzième balle écorne.

NOURVADY.

Heureusement, j'ai un bon caractère que je me suis fait à force de volonté, car j'étais violent et facilement irritable.

GODLER.

Ce pauvre Marnepont en a su quelque chose.

NOURVADY.

Ne parlons pas de cela.

LIONNETTE.

Mais si, parlons-en. Je l'ai connu beaucoup, M. de Marnepont, et l'on m'a dit, en effet, qu'il avait été tué. — Par vous, alors?

NOURVADY.

Hélas! oui, madame.

LIONNETTE.

En duel?

NOURVADY.

Évidemment. Je ne l'ai pas assassiné.

LIONNETTE, riant.

Il était bien ennuyeux.

NOURVADY.

Ce n'a pas été la seule raison de sa mort. Il avait d'autres défauts. Il était insolent et surtout menteur.

LIONNETTE.

Quelle insolence avait-il dite? Quel mensonge avait-il fait? Je parie qu'il s'agissait d'une femme.

Richard est parti. Jean entend tout ce qui se dit, appuyé sur le dossier du canapé sur lequel sa femme est assise.

NOURVADY.

Non, madame; il s'agissait piètrement de moi. M. de
Marnepont m'avait calomnié, il avait dit que j'étais bossu,
ce n'était pas vrai. J'ai seulement une épaule, la gauche,
un peu plus haute que l'autre.

LIONNETTE.

Cela ne se voit pas.

NOURVADY.

Cela ne se voit plus, depuis ce duel surtout. En tout cas,
personne ne le dit plus. Mon père avait vraiment le dos
rond, lui, à la fin de sa vie, principalement; il avait
beaucoup travaillé, penché sur un bureau. Cela voûte à la
longue. Pauvre père! Il me disait : « Tu as une épaule
plus haute que l'autre, la gauche; tu tiens cela de moi;
je t'en demande pardon, et je tâcherai de te laisser de quoi
te le faire oublier. Mais il y aura des gens qui se moque-
ront d'autant plus volontiers de toi que tu seras très riche.
Sois donc très fort à toutes les armes ; cela égalisera
tout. » J'ai suivi le conseil de mon père et je m'en suis
trouvé à merveille. Du reste, M. de Marnepont tirait très
bien le pistolet; c'est pour cela que j'avais choisi cette
arme. J'étais l'offensé, je voulais lui faire la partie belle.
On pouvait tirer à volonté, il a tiré le premier, il m'a mis
une balle dans l'épaule droite, ce qui, naturellement, m'a
fait faire ce mouvement-là (il lève un peu l'épaule droite), car ce
fut très douloureux, et j'en souffre encore assez souvent.
Il y a des jours où j'ai le bras droit comme paralysé. Qui
voudrait avoir raison de moi, si je l'avais offensé, n'aurait
qu'à choisir l'épée; je serais tué probablement à la se-
conde passe.

TRÉVELÉ.

Et Marnepont?

NOURVADY.

Eh bien! en faisant ce mouvement occasionné par la
douleur, cette épaule-ci s'est trouvée un moment plus haute
que cette épaule-là. (Il lève un peu l'épaule droite.) « Tiens, s'est
écrié mon adversaire en riant, je me suis trompé, c'est la
droite qui est la plus haute ». Ce n'était pas bête, — pour
lui, — mais c'était de mauvais goût. Alors, j'ai tiré.
C'était la première fois que ce pauvre garçon avait de
l'esprit; il n'en avait pas l'habitude; il en est mort.

GODLER, bas à Trévelé.

C'est un malin! Il veut monter la tête à la bourgeoise.

**LIONNETTE, regardant Nourvady, qui se rapproche de Godler et de Tré-
velé, l'un assis, l'autre debout, de l'autre côté de la scène.**

Il est bizarre, cet homme.

JEAN.

Tu le trouves bizarre?

LIONNETTE.

Oui, il ne ressemble pas à tout le monde.

JEAN.

En effet?

LIONNETTE.

Qu'est-ce que tu as? A quoi penses-tu?

JEAN.

Je pense que cet homme bizarre est bien heureux.

LIONNETTE.

D'avoir l'épaule gauche plus haute que la droite, et une balle dans celle-ci?

JEAN.

D'avoir ce que je n'ai pas, d'avoir quarante millions.

LIONNETTE.

Ah! oui, ça nous tirerait d'affaire.

JEAN.

Ma pauvre Lionnette, je suis très malheureux.

LIONNETTE.

Parce que?

JEAN.

Parce que je ne peux plus te donner ce que je te donnais.

LIONNETTE.

Je m'en passerai.

JEAN.

Tu en es incapable; tu le disais toi-même tout à l'heure.

LIONNETTE.

Il y a des moments où je ne sais plus très bien ce que je dis; il ne faut pas y faire attention. Le hasard a tant fait pour moi, dans ma vie, qu'il trouvera encore un moyen.

JEAN.

Et si le hasard se lasse? Et si tu en fais autant! Je ne dirai pas, « si tu ne m'aimes plus »; au fond tu ne m'as jamais aimé.

LIONNETTE.

Pourquoi t'ai-je épousé alors?

JEAN.

Parce que ta mère te l'a conseillé.

LIONNETTE.

C'est probablement le seul bon conseil qu'elle m'ait jamais donné, et je t'assure que je t'ai été très reconnaissante de ce que tu as fait pour moi.

JEAN.

De la reconnaissance, ce n'est pas de l'amour.

LIONNETTE.

L'amour vient après.

JEAN.

Longtemps après, car il n'est pas encore

LIONNETTE.

La plus belle fille du monde ne peut donner que ce qu'elle a. Je t'ai donné tout ce que j'avais. Est-ce de l'amour? N'en est-ce pas? Je n'en sais rien, je n'ai pas de point de comparaison, n'ayant jamais donné qu'à toi.

Elle hésite au moment de continuer.

JEAN.

Tu allais dire encore quelque chose?

LIONNETTE.

Non.

JEAN.

Si. Dis-le, quoi que ce soit.

Il ramène par la main Lionnette près de lui.

GODLER.

Voilà les conciliabules qui recommencent. Drôle de maison.

Les trois personnages s'en vont sur la terrasse et de là dans le jardin où on ne les voit plus.

LIONNETTE.

J'allais dire que tu trouves peut-être que je ne t'aime pas assez, parce que tu m'aimes trop. Alors tu as été trop bon pour moi; tu as fait tout ce que j'ai voulu; tu as eu tort. Il fallait être plus mon maître, il fallait contre-balancer la mauvaise influence de ma mère, changer mes habitudes, me résister davantage, me sauver de moi-même.

JEAN.

Te sauver? Qu'est-ce que tu as donc fait?

LIONNETTE.

Je t'ai ruiné.

JEAN.

Voilà tout.

LIONNETTE.

C'est bien assez.

JEAN.

Tu n'as jamais pensé à...

LIONNETTE.

A quoi?

JEAN.

A un autre!

LIONNETTE, riant.

Tu es fou! Tu as toujours été un peu fou! Il est vrai que si tu n'avais pas été fou, tu ne m'aurais pas épousée.

JEAN.

Que je sois fou ou non, réponds-moi.

LIONNETTE.

Non, tu peux être tranquille; je n'ai jamais pensé à un autre.

JEAN.

Et si je mourais, si je me tuais, si tu devenais veuve enfin, et que cet homme qui est là, cet homme bizarre, ce millionnaire, t'offrit de l'épouser, tu l'épouserais!

LIONNETTE.

Nous n'en sommes pas là.

JEAN.

Qui sait? En attendant, cet homme t'aime et veut arriver, sans attendre ma mort, à se faire aimer de toi. Tu l'as vu aussi bien que moi.

LIONNETTE.

Quelle est la femme qui ne voit pas ces choses-là? Demande à celles à qui on n'a jamais dit ou laissé voir qu'on les aimait, ce qu'elles pensent de la vie. Notre rêve, c'est d'entendre des déclarations, notre art, c'est de les écouter, notre esprit et notre force, de ne pas y croire.

JEAN.

Il s'est déclaré?

LIONNETTE.

Jamais.

JEAN.

Ta parole?

LIONNETTE.

D'honneur.

JEAN.

Il y arrivera.

LIONNETTE.

Il ne sera pas le dernier, j'espère; où veux-tu en venir?

JEAN.

Il se déclarera peut-être au moment où tu n'auras plus que la misère ou le suicide : l'un et l'autre sont bien durs pour une femme jeune et belle.

LIONNETTE, sérieuse et fière.

Tu me confonds avec quelque autre femme que tu as aimée avant moi. Est-ce que je prête vraiment à ces suppositions par mes façons d'être? Eh! bien, non. J'ai beaucoup de défauts, mais je ne me crois pas de vices, et, malgré mes inquiétudes pour l'avenir, je n'ai pas encore pensé à ces moyens-là. J'espère bien n'y penser jamais.

JEAN.

Comme je t'aime! Tu es ce qu'il y a de plus beau et de plus étrange au monde. Tu as sur moi un pouvoir surhu-

main. Je ne pense qu'à toi, je ne cherche que toi, je ne
rêve qu'à toi. Quand je te soupçonne, c'est que je t'aime.
Quand tu n'es pas là, je ne vis pas; quand je te retrouve,
je tremble comme un enfant. Je t'en supplie, ne joue
jamais avec cet amour à la fois profond et inquiet. Je ne te
demande pas de m'aimer plus que tu ne peux aimer, mais
n'en aime pas un autre plus que moi. Tu ne sais pas, je ne
sais pas moi-même ce qui pourrait en résulter. Quand je
pense à l'avenir, j'ai le vertige. (D'une voix basse et chaude.) Je
t'adore! je t'adore!

Pendant les derniers mots, Nourrady est rentré en scène, il a regardé Jean
et Lionnette, et il prend son chapeau. Godler et Trérelé le suivent.

LIONNETTE.

Ne parle pas si bas, on t'entendrait

JEAN.

Embrasse-moi, alors.

LIONNETTE.

Comment, que je t'embrasse. Ici!

JEAN.

Ici!

LIONNETTE.

Devant tout le monde?

JEAN.

Devant lui.

LIONNETTE.

Encore! Prends garde, tu lui fais bien de l'honneur.

JEAN.

C'est une idée que j'ai.

LIONNETTE.

Tu le veux?

JEAN.

Oui.

LIONNETTE.

Tu le sais, il ne faut me défier de rien.

JEAN.

Je t'en supplie.

LIONNETTE.

Une fois, deux fois, trois fois. (L'embrassant sur les deux joues.) Tant pis pour toi. Tiens !

GODLER, riant.

Hé! mes amis, hé! Vous avez décidément une manière à vous de recevoir.

LE DOMESTIQUE, entrant.

On demande monsieur le comte.

GODLER.

Trop tard, mon garçon, trop tard. Il fallait arriver une minute trop tôt.

LE DOMESTIQUE.

Monsieur dit?

GODLER.

Allez, allez! Ce serait trop long à expliquer.

JEAN, au domestique.

Qui est-ce qui me demande?

LE DOMESTIQUE.

C'est un clerc de M. Richard.

· JEAN.

C'est bien, j'y vais. (A Godler et à Trévelé.) Je reviens tout de suite.

GODLER.

Faites donc! faites donc!

Godler et Trévelé accompagnent un peu Jean dans la chambre ou fort où ils restent à causer quelques instants en vue du public, et quand Jean est sorti, où ils se promènent pendant la scène de Lionnette et de Nourvady.

NOURVADY va à Lionnette, son chapeau à la main.

Adieu, comtesse.

LIONNETTE.

Vous nous quittez, monsieur?

NOURVADY.

Oui, votre maison est dans une agitation visible. Il y a moins d'indiscrétion à s'en apercevoir qu'à rester.

LIONNETTE.

Quand vous reverrons-nous?

NOURVADY.

Jamais!

LIONNETTE.

Vous partez?

NOURVADY.

Non, mais je ne reviendrai plus ici..

LIONNETTE, riant.

Vous avez mal diné?

NOURVADY.

Faites-moi l'honneur de m'écouter jusqu'au bout.

GODLER, à Trévelé, en voyant Lionnette se rasseoir et Nourvady se rapprocher d'elle.

Allons bon! à l'autre maintenant.

NOURVADY.

Je vous aime. (Mouvement de Lionnette.) Vous le savez, et vous avez dû prévoir que je vous le dirais un jour!

LIONNETTE.

Oui, il n'y a pas cinq minutes que nous en parlions, mon mari et moi.

NOURVADY.

Ne riez pas. Vous sentez, au ton de ma voix, que je suis très sérieux. Je vous aime passionnément. Vous ne m'aimez pas, vous ne pensez même pas à moi; il est probable que vous ne m'aimerez jamais. Je n'ai rien de ce qu'il faut pour troubler une femme comme vous, — excepté la fortune.

LIONNETTE, se levant pour se retirer.

Monsieur.

NOURVADY.

Patience! Je ne puis pas avoir l'intention de vous manquer de respect, puisque je vous aime. Vous êtes rui-

née, irréparablement ruinée. Vous pouvez accepter, il est
vrai, les propositions que madame de Spadetta vous fait
faire et vous libérer de cette façon. Ce ne serait plus la
dette, mais ce serait la gêne et peut-être la misère, sans
compter que ce serait un grand chagrin pour vous de vous
séparer de certaines lettres, chagrin que quiconque vous
aime doit vous épargner.

LIONNETTE, se rasseyant.

Comment savez-vous cela?

NOURVADY.

Avec de l'argent, on sait tout ce qu'on veut savoir, surtout quand madame de Spadetta peut fournir les renseignements dont on a besoin. Vous souvient-il, comtesse, qu'un
jour, passant dans les Champs-Élysées avec votre mari et
moi, vous avez remarqué, au n° 20, un hôtel dont on venait
d'achever la construction, il y a de cela quelques mois.

LIONNETTE.

Oui.

NOURVADY.

Vous avez admiré l'élégance extérieure de cet hôtel. Cela
suffisait pour que je ne voulusse pas qu'un homme l'ha-
bitât ; une autre fois, en passant, vous auriez pu regarder
machinalement de ce côté, et le propriétaire, à sa fenêtre,
eût pu s'imaginer que c'était lui que la belle comtesse de
Hun regardait. J'ai acheté cette maison et je l'ai fait meu-
bler aussi élégamment que possible. Si, dans un an, dans
deux ans, dans dix ans, si — demain, — les circonstances
vous forçaient à vendre cet hôtel où nous sommes en ce moment, rappelez-vous cette maison des Champs-Élysées que

nul n'a jamais habitée. Les voitures attendent sous les
remises, les chevaux dans les écuries, les valets dans les
antichambres. La petite porte que cette clef ouvre n'est que
pour vous. (il montre une petite clef.) Cette porte, vous la recon-
naîtrez facilement. Votre chiffre est dessus. Dès que vous
la franchirez, si vous la franchissez un jour, vous n'aurez
même plus la peine d'en ouvrir une autre; toutes les portes
seront ouvertes sur le chemin qui conduit à votre appartement. Dans le salon se trouve un coffret arabe d'un travail merveilleux ; ce coffret contient un million en or,
frappé exprès pour vous ; c'est de l'or vierge, tel que doit
être l'or que vos petites mains daigneraient toucher. Vous
pouvez puiser à même dans ce coffre; quand il sera vide,
il se remplira tout seul, il y a un secret. Les titres qui
vous constituent la propriété de cet hôtel sont déposés dans
un des meubles de ce salon. Vous n'aurez qu'à les signer
le jour où vous voudrez bien légalement être propriétaire.
Ai-je besoin d'ajouter que vous ne devrez rien à qui que ce
soit pour tout cela et que vous resterez absolument libre et
maîtresse de vos actions. Demain, je passerai la journée
dans cette maison, à m'assurer que tout y est bien en état
de vous recevoir, et je n'y reparaîtrai plus que si vous
m'avez dit vous-même d'y revenir — ou d'y rester.

> Lionnette prend la clef que Nourvady a déposée sur la table tout en parlant, se lève,
> va la jeter par la fenêtre ouverte et passe devant Nourvady pour aller rejoindre
> Godler et Trévelé.

NOURVADY, pendant qu'elle passe devant lui.

Cette fenêtre donne sur votre jardin, comtesse, et non
sur la rue. Dans un jardin, une clef se retrouve.

> Il salue et s'éloigne pour sortir.

LIONNETTE, à demi-voix.

L'insolent !

MISS JANE, entrant, à Lionnette.

M. Raoul ne veut pas se coucher, madame.

LIONNETTE.

C'est bien, j'y vais.

> Elle sort par la porte d'où miss Jane lui a parlé.

TRÉVELÉ, à Godler.

Encore une sortie ! c'est trop fort ; cette fois, allons-nous-en !

NOURVADY.

Non, restez, je crois qu'on va avoir besoin de vous ici. Bonjour.

> Il sort.

SCÈNE III

GODLER, TRÉVELÉ.

TRÉVELÉ, à Godler en mangeant un gâteau.

Je t'assure que Nourvady est un personnage à part. Voyons, mangeons tous les gâteaux, buvons toute la limonade, et, pendant ce temps-là, donne-moi le mot de l'énigme, car enfin tu dois savoir ce qui se passe dans cette maison, toi qui as été un ami de la marquise de Quansas. On dit même...

GODLER, après avoir regardé autour de lui.

En 1853.

TRÉVELÉ.

Tu te décides...

GODLER.

En 1853.

TRÉVELÉ.

Pourquoi ne l'as-tu jamais dit ?

GODLER.

En 1853, il y avait une madame Duranton qui tenait un magasin rue Traversière.

TRÉVELÉ.

Où prends-tu la rue Traversière ?

GODLER.

C'était une petite rue transversale et compromise qui allait de la rue Saint-Honoré à la rue Richelieu. Madame Duranton, veuve — on ne pouvait pas être plus veuve — était marchande à la toilette. Tu vois ça d'ici...

TRÉVELÉ.

Je vois, je vois, dépêche-toi.

GODLER.

Madame Duranton, chez qui, deux ou trois amis et moi, nous allions quelquefois passer la soirée, et qui nous donnait du cidre et des marrons dans son arrière-boutique...

TRÉVELÉ.

En 1853?

GODLER.

En 1853.

TRÉVELÉ.

Quel âge avais-tu ?

GODLER.

J'avais trente-neuf ans.

TRÉVELÉ.

Tu es vieux alors.

GODLER.

J'ai soixante-six ans.

TRÉVELÉ.

Tu ne les parais pas.

GODLER.

Parce que je me teins très bien.

TRÉVELÉ.

Quel bon garçon ! continue.

GODLER.

Mais veux-tu que nous fassions un pari.

TRÉVELÉ.

Non, tu le gagnerais, Florimonde me l'a dit.

GODLER, qui s'est assis.

Eh bien, va fermer la fenêtre et donne-moi à boire

TRÉVELÉ.

Continue.

GODLER.

Madame Duranton avait une fille.

TRÉVELÉ.

A qui tu faisais la cour?

GODLER.

A qui nous faisions tous la cour, pour le mauvais motif,
bien entendu. La petite, âgée alors de dix-huit à dix-
neuf ans, était ravissante, avec des cheveux naturellement
dorés, comme les femmes les ont aujourd'hui artificielle-
ment, avec des yeux bleu iris, des joues rose du Bengale,
et des dents, des lèvres semblables à des amandes tom-
bées dans des cerises.

> Pendant ce dialogue, Godler a de temps en temps arrangé ses favoris et un
> mèche de cheveux qui lui revient sur le front, avec un petit peigne qu'il
> tire de sa poche.

TRÉVELÉ.

On en mangerait. Tu es poète!

GODLER.

Ça m'est resté de ma jeunesse. En ce même temps...

TRÉVELÉ.

Dans ta jeunesse?

GODLER.

Non, en 1853, il y avait un roi et une reine.

TRÉVELÉ.

Qui régnaient?

GODLER.

Parfaitement.

TRÉVELÉ.

Temps heureux! Où régnaient-ils?

GODLER.

A Bagdad.

TRÉVELÉ.

Merci.

GODLER.

Ce roi et cette reine avaient un fils unique qui devait
leur succéder. Ce fils, âgé de vingt-trois ans, prenait au
sérieux son rôle d'héritier présomptif. Mais à quoi bon
hériter d'une couronne, si l'on ne doit pas avoir, à son tour,
un héritier à qui la laisser. Or rien n'indiquait, chez notre
jeune prince, la moindre disposition, la moindre aptitude
à l'amour, légitime ou non.

TRÉVELÉ.

Il n'était pas comme toi.

GODLER.

Il n'était pas comme moi.

TRÉVELÉ.

Continue.

GODLER.

L'étude toujours, la réflexion toujours, l'indifférence toujours.

TRÉVELÉ.

Prince étrange!

GODLER.

Les ambassadeurs entamaient inutilement à l'étranger négociations sur négociations, en vue d'une alliance politique. Plusieurs jeunes princesses des pays environnants, de l'Hindoustan, de la Perse et même de l'Europe.....

TRÉVELÉ.

Que tu racontes bien!

GODLER.

Attendaient tout habillées, toutes coiffées, toutes parfumées, que le roi de Bagdad fît demander leur main pour son fils. Le télégraphe répondait toujours : Attendez! Attendez!

TRÉVELÉ.

Dépêche-toi.

GODLER.

Un chambellan eut une idée très simple.

TRÉVELÉ.

En général, les idées des chambellans sont très simples.

GODLER.

Ce fut de faire voyager le prince, de lui faire voir d'autres femmes que celles de Bagdad, puisque celles-ci

étaient reconnues insuffisantes, et de l'envoyer directement
à Paris.

TRÉVELÉ.

Aux grands maux les grands remèdes.

GODLER.

Mais ce n'était pas tout ; il fallait que la beauté à la re-
cherche de laquelle on était fût d'une qualité particulière,
et que celle qu'on n'épouserait pas ne différât que par le
rang de celle qu'on épouserait. Bref, ce n'était pas une
Lycœnion, c'était une véritable Chloé que l'on cherchait
pour l'instruction de ce Daphnis et il ne fallait pas que ce
fussent jeux de petits enfants.

TRÉVELÉ.

Je vois poindre la jeune Lionnette. Mais comment les
choses arrivèrent-elles ?

GODLER.

C'est ce qui fera le sujet du chapitre suivant. L'ambassa-
deur de Bagdad venait quelquefois avec nous, le soir, manger des marrons et boire du cidre chez la mère Duranton,

TRÉVELÉ.

Et il trouva moyen d'amener le jeune prince à manger
les cerises et les amandes !

GODLER.

Lequel prit tellement goût à ces fruits exquis, qu'il ne
voulait plus manger autre chose, qu'il ne voulait plus s'en
aller, qu'il ne voulait plus étudier, qu'il ne voulait plus
régner ; il voulait épouser. Cependant le roi, renseigné et

rassuré, rappelait son fils. Il fallait retourner à Bagdad.
Daphnis pleurait, Chloé aussi.

TRÉVELÉ.

Vous êtes roi, vous pleurez et je pars.

GODLER.

Et c'est ainsi que la belle Lionnette vint au monde,
ayant pour père légal un marquis de Quansas, gentilhomme
ruiné, quelque peu taré, qui se trouva justement là pour
toucher une dot, donner son nom à la mère et à la fille,
et mourir, peu de temps après, sans passer par la police
correctionnelle, comme chacun s'attendait à l'y voir.

TRÉVELÉ.

Alors la comtesse est fille d'un prince?

GODLER.

Fille d'un roi, même, car le prince succéda à son père.

TRÉVELÉ.

Drôle de pays!

GODLER.

Fille d'un roi et d'une aventurière, fille elle-même on
ne sait de qui. De là, sans doute, les étrangetés de la nature
de Lionnette, que nous, qui connaissions l'aventure, nous
avions surnommée, quand elle était petite, la princesse de
Bagdad. Les gens ne savaient pas ce que cela voulait dire,
mais il est inutile que les gens sachent ce que quelque
chose veut dire.

TRÉVELÉ.

Et la mère, la marquise de Quansas, a-t-elle revu le roi
depuis cette aventure?

GODLER.

Souvent, et pendant plusieurs années. De là le grand luxe et le grand équipage de la maison. Mais elle a été si légère et elle a tant abusé, que le roi, devenu tout de même, pendant ce temps-là, père d'une nombreuse famille, comme tout le faisait espérer depuis son voyage à Paris, que le roi, la marquise vieillissant par là-dessus, a perdu patience et ne donnait plus d'argent qu'à sa fille qu'il adorait et qu'il voyait en cachette ; mais il est mort tout à coup.

TRÉVELÉ.

Je sais qui c'est.

GODLER.

Alors nous le savons tous les deux, cela suffit. Après la mort du roi, toutes les ressources ont disparu. Heureusement l'amour et le mariage de notre ami le comte Jean de Hun se sont trouvés à point nommé pour maintenir pendant quelque temps le grand état de la maison ; mais, à cette heure, je crois que la débâcle n'est pas loin, et toutes ces allées et venues d'aujourd'hui pourraient bien en être les derniers indices. Tous les moyens légitimes sont épuisés, il ne reste plus que les autres.

TRÉVELÉ.

Qui sont heureusement les plus nombreux. C'est trop cher pour nous, mon vieux Godler. Pour le moment, c'est l'affaire du millionnaire ténébreux ; nous verrons après. Il n'y a plus rien à boire ; on nous a complètement oubliés ; remets ton peigne dans la poche, ta mèche est très bien comme ça, et allons-nous-en. Drôle de maison. Où est mon chapeau ?

Pendant qu'ils cherchent tous deux leurs chapeaux en tournant le dos au fond, Jean entre très pâle et visiblement ému.

SCÈNE IV

LES MÊMES, JEAN.

JEAN.

Je vous demande pardon, messieurs, de vous avoir abandonnés si longtemps seuls chez moi, mais j'ai été appelé subitement dehors. Je comptais revenir plus tôt. Et...

Il passe la main sur son front.

GODLER.

Vous êtes souffrant ?

JEAN.

Ce n'est rien... un peu de fatigue, il fait très chaud.

TRÉVELÉ.

Nous nous retirons.

JEAN.

Cependant, il se peut que j'aie besoin de deux amis sûrs. Puis-je compter sur vous.

TRÉVELÉ, à part.

Nourvady avait raison.

GODLER.

Certainement; nous déjeunerons demain, Trévelé et moi, au cercle, à midi. Si vous avez quelque chose à nous faire dire...

JEAN,

Merci. A demain.

GODLER, en sortant, à part.

Pauvre garçon, il n'a pas l'air d'en mener large.

TRÉVÉLÉ, en partant, à part.

Voilà le temps qui se chagrine, comme disent les marins.

Ils sortent.

SCÈNE V

JEAN seul d'abord, puis LIONNETTE.

Jean, resté seul, s'appuie un moment la main sur le haut d'une chaise, puis il arrache sa cravate et élargit le col de sa chemise, comme s'il étouffait et voulait se donner plus de respiration. Il va ensuite à la fenêtre, aspire l'air fortement deux ou trois fois, et marche vers la porte par laquelle est sortie Lionnette. Lionnette entre par cette même porte quand il est à moitié chemin.

JEAN, s'arrêtant.

D'où venez-vous?

LIONNETTE.

Je viens de coucher l'enfant qui était très désobéissant ce soir, et je venais retrouver ces messieurs.

JEAN.

Ils sont partis tous les trois.

LIONNETTE.

Qu'est-ce que tu as ? tu es tout pâle... Qu'arrive-t-il encore?

JEAN.

Vous le demandez?

LIONNETTE.

Mais oui, je le demande.

JEAN, marchant sur elle en étendant le poing vers son visage.

Quand je pense que j'ai manqué de respect à ma mère et qu'elle est morte en me maudissant, pour cette créature.

LIONNETTE, passant devant lui.

Je ne comprends pas !

JEAN.

Tu ne comprends pas !

LIONNETTE.

Non ; je crois, j'espère que vous êtes encore plus fou que de coutume, qu'y a-t-il?

JEAN, tirant des papiers de sa poche.

Ce qu'il y a? Il y a que M. Nourvady a fait payer toutes vos dettes. Il a bien voulu me faire l'honneur de ne pas payer les miennes ; mais vous, vous ne devez plus rien. Voilà ce qu'il y a. Comprenez-vous maintenant?

LIONNETTE, stupéfaite.

M. Nourvady !

JEAN.

Oui, M. Nourvady, votre amant !

LIONNETTE, indignée.

Mon amant !

JEAN.

Oui, votre amant, à qui vous avez vendu votre personne
et mon nom, votre honneur et le mien, contre quelques
centaines de mille francs. Pour votre honneur à vous,
c'est trop, mais pour le mien ce n'est pas assez.

LIONNETTE.

Qu'est-ce que c'est que cette histoire-là ?

JEAN.

M. Richard vient de m'envoyer chercher ; en rentrant
chez lui, ce soir, il a trouvé toutes les notes que vos créanciers lui renvoyaient acquittées, en lui écrivant qu'ils étaient
intégralement payés. Par qui ? vous le savez.

Il jette les papiers sur la table.

LIONNETTE.

Je vous jure...

JEAN, fou de colère.

Vous mentez ! vous mentez ! Il y avait un moyen, pénible
pour vous, de vous acquitter, on vous l'a proposé tantôt ;
vous avez refusé obstinément... vous aviez vos raisons,
c'était inutile ! Le marché était conclu et exécuté. Depuis
quand ?

LIONNETTE.

Ah çà! quand aurez-vous fini de m'insulter! Je vous dis que ce dont vous m'accusez n'est pas vrai. Maintenant, si vous ne me croyez pas, faites tout ce que vous voudrez.

JEAN, exaspéré.

Je vous chasse.

LIONNETTE.

Malheureusement je suis chez moi ici, et j'y reste.

JEAN.

C'est vrai; pardon! J'oubliais que votre mère avait tout prévu. Cette maison payée par moi est à vous, mais les dettes faites par vous, sont payées par un autre. C'est une compensation. C'est moi qui vais quitter cette maison, soyez tranquille. Je pars... je vais chercher de l'argent, — chez ma sœur, — n'importe où! — Il faudra bien que j'en trouve, quand je devrais voler à mon tour. Et après nous verrons. Adieu!

Il sort avec un geste de menace.

LIONNETTE, seule.

Adieu! (Haussant les épaules et gagnant son appartement.) L'imbécile!

Elle rentre chez elle.

ACTE DEUXIÈME

Un petit salon d'un grand goût en même temps que d'un grand luxe. — Ordon-
nance générale plus faite pour le repos et le sommeil, pour l'intimité à deux que
pour la réception et la conversation. — Un coffre en fer contenant le million
dont il a été question au premier acte et fermé, posé sur une table.

Au lever du rideau, ce salon est désert. — La scène doit rester ainsi vide un
quart de minute. — Une portière baissée à gauche du spectateur, une autre égale-
ment baissée à droite. — Grande portière baissée au fond et cachant, comme les
deux autres, une porte qui peut être fermée à clef.

SCÈNE PREMIÈRE

LIONNETTE, voilée, entre par la gauche, écarte la portière, s'arrête, regarde
autour d'elle, va lentement à la porte du fond qu'elle ouvre et laisse retomber
après avoir regardé. — Dix heures sonnent. — Elle va regarder par la porte de
droite, puis par la glace sans tain au-dessus de la cheminée et presse le bouton
électrique qui est à la cheminée. — Le silence se prolonge pendant quatre ou
cinq secondes. — Lionnette étonnée regarde autour d'elle. — Nourvady paraît
par le fond.

SCÈNE II

LIONNETTE, NOURVADY.

Nourvady s'arrête après avoir laissé retomber la portière et salue Lionnette très respectueusement. — Il a son chapeau à la main.

LIONNETTE, émue.

C'est vous?

NOURVADY.

Vous avez sonné.

LIONNETTE.

Je croyais sonner un valet.

NOURVADY.

Il est venu un serviteur, le plus reconnaissant et le plus humble.

LIONNETTE, sévère.

Vous m'attendiez?

NOURVADY.

Oui.

LIONNETTE.

C'est pour cela que vous m'avez dit hier que vous seriez aujourd'hui dans cette maison.

NOURVADY.

Oui.

LIONNETTE.

Vous étiez sûr que je viendrais.

NOURVADY, un peu ironique.

Sûr. Je regrette seulement que vous ayez dû prendre la
peine d'aller rechercher dans votre jardin la clef que vous
y aviez jetée.

LIONNETTE.

Le fait est que vous avez trouvé, pour m'y contraindre,
le moyen qu'il fallait : moyen infâme, monsieur. (A mesure
qu'elle a parlé, elle a ôté les voiles qui lui couvraient le visage et elle les
a jetés sur une table.) Vous reconnaissez, n'est-ce pas, monsieur,
l'infamie de ce moyen. Répondez !

NOURVADY.

Je n'ai rien à répondre. Vous êtes chez vous, il me res-
terait à me retirer devant votre colère et votre insulte,
mais, outre que je n'en ai pas le courage, du moment que
vous êtes venue ici, c'est que vous avez encore quelque
chose à me dire et je reste pour l'entendre.

LIONNETTE.

En effet, monsieur, une explication est indispensable
entre vous et moi, et comme vous ne vouliez pas revenir
chez moi, je suis venue la chercher chez vous. D'ailleurs,
j'aime les situations nettes et franches et je ne redoute
pas, surtout à ce moment de ma vie, les explications caté-
goriques et les expressions claires, crues même, si nous de-
vons mieux nous comprendre ainsi. J'en ai entendu de telles

4

hier, que mes oreilles sont faites à tout maintenant. Un
acte comme le vôtre, une démarche comme la mienne, un
entretien comme celui que nous allons avoir et qui peut
amener des résultats si positifs et si graves, sont tellement
exceptionnels, que les mots à double sens ne sauraient y
être admis. (s'asseyant.) Je vous connais à peine, je ne vous
ai jamais attiré par la moindre coquetterie, je ne vous ai
jamais rien demandé, et vous venez de me déshonorer mo-
ralement et socialement sans que je puisse me défendre.
C'est très ingénieux : quoi que je dise, on ne me croira
pas. Mon mari, qui m'aime, n'a pas voulu me croire et il
m'a traitée ! Qu'est-ce que je vous ai fait pour que vous
vous soyez cru autorisé à m'infliger cet affront public, car,
s'il ne l'est pas encore, il le sera demain.

NOURVADY.

Je vous l'ai dit; je vous aime.

LIONNETTE.

Et c'est là votre façon de prouver votre amour ?

NOURVADY.

Si j'avais eu un autre moyen à ma disposition, je l'aurais
employé. Je vous aime. (Changeant de ton et s'approchant d'elle.) Je
vous aime comme un fou depuis des années. (Elle recule
involontairement devant le mouvement de Nourvady.) Ne craignez rien. Je
vous déshonore peut-être aux yeux des autres, mais je vous
respecte et vous êtes sacrée pour moi. Si jamais vous m'ap-
partenez, ce ne sera que de votre consentement; c'est que
vous m'aurez dit : « Moi aussi je vous aime. » Je connais
toutes les amours qu'on achète ! Ce n'est pas une de celles-
là que je vous demande ; vous ne me la donneriez pas, et
je n'en voudrais pas de vous. Vous êtes belle, je vous aime

et vous avez un chagrin, un ennui, une préoccupation
vulgaire, indigne de vous, qu'une personne de votre race et
de votre qualité ne doit jamais connaître. A cause de quoi?
A cause de quelques billets de mille francs qui vous man-
quent et que j'ai, moi, à profusion, à n'en savoir que faire.
Ce chagrin, cet ennui, peuvent vous faire perdre votre repos, votre beauté, votre vie même, car vous êtes femme à
mourir d'un obstacle que vous n'auriez pu vaincre; j'ai ce
qu'il faut pour dissiper ce chagrin et cet ennui, je les dis-
sipe. Fallait-il donc vous en demander la permission? Si je
vous avais vue, emportée par votre cheval, vous aurais-je
demandé la permission de vous porter secours? je me serais
jeté à la tête de votre cheval et je vous aurais sauvée, ou
il m'aurait passé sur le corps. Si je vous avais sauvé la vie
et que j'eusse survécu, vous m'auriez peut-être aimé pour
cet acte héroïque; si j'avais été tué, vous m'auriez certainement plaint et pleuré! Je n'ai pas exposé ma vie en vous
sauvant comme je l'ai fait, je n'ai pas accompli un acte
d'héroïsme, je n'ai fait qu'une chose facile pour moi, mais
je n'avais pas le choix des circonstances.

LIONNETTE.

Eh! bien, votre dévouement s'est trompé, monsieur, et
si je suis ici, chez vous, c'est pour vous sommer de répa-
rer, avant qu'il soit irréparable, le mal que vous me faites.

NOURVADY.

Je n'y peux plus rien moi-même. J'ai justement employé
ce moyen parce que je le savais unique et irrémédiable. —
Il faudrait que vos créanciers consentissent à reprendre
leurs créances et à rendre l'argent; croyez-vous qu'ils y
consentent?

LIONNETTE.

Ainsi, vous vous êtes dit : Cette femme que je respecte, que j'estime, que j'aime, je vais d'abord la compromettre et la déshonorer aux yeux de tous ; je vais la faire mépriser, insulter et chasser par son mari, et, la première émotion passée, comme elle n'aura pas autre chose à faire, elle en prendra son parti et elle sera à moi ?

NOURVADY.

Je ne me suis rien dit du tout. Il ne m'a pas plu que des marchands pussent vous poursuivre et vous humilier ; je les ai payés. Je ne veux pas que vous soyez triste ; je ne veux pas que vous soyez pauvre. C'est une fantaisie comme une autre, et j'accepte toutes les conséquences de mes fantaisies. Si vous étiez à ma place, vous feriez ce que j'ai fait.

LIONNETTE.

Non ! Si j'étais un homme et que je prétendisse aimer une honnête femme, quoi qu'il advînt, je respecterais toujours en elle sa dignité et les convenances de son monde.

NOURVADY.

Est-ce bien une femme de votre supériorité qui parle de convenances du monde ? Les femmes comme vous ne sont-elles pas au-dessus de tout cela ? Fallait-il que je vinsse délicatement et hypocritement mettre au service de votre mari la somme dont il avait besoin ? « Arrangez vos affaires, cher ami, vous me rendrez cette bagatelle quand vous pourrez. » J'aurais certainement agi de la sorte si je ne vous avais pas aimée : vous aimant, devais-je le faire, c'est-à-dire spéculer sur votre reconnaissance, sur l'impossibilité où le comte était de s'acquitter avec moi, et sur de

nouveaux et inévitables besoins? Voilà ce qui n'eût été
digne ni de lui, ni de moi, ni de vous. Non, vous le savez
bien, les convenances et la dignité ne sont plus rien quand
la passion ou la nécessité commande. Est-ce que votre
aïeule a respecté la dignité de sa fille, quand elle l'a livrée
à un prince?

LIONNETTE.

Monsieur!...

NOURVADY.

Vous ne craignez pas les mots! Les voilà, les mots, disant
bien ce qu'ils ont à dire. Pourquoi vous révoltez-vous de-
va t eux? Est-ce que votre mari a respecté la dignité de
sa mère, les traditions de sa famille, les convenances de
son monde, quand il a fait des sommations publiques à
cette mère irréprochable pour avoir le droit de vous épouser? Est-ce que vous-même, obéissant aux conseils de
votre mère, est-ce que vous-même avez dit à cet homme :
« Ma dignité s'oppose à ce que je me marie dans ces con-
» ditions-là, reniée, repoussée, honnie par votre mère. »
Eh! bien, moi aussi, vous rencontrant jeune fille, je vous
aurais aimée comme je vous aime, et si mon père avait
voulu m'interdire de vous épouser, j'aurais agi comme le
comte. Je lui envie ce sacrifice qu'il a pu faire pour vous
et que je ne peux plus vous faire.

LIONNETTE, moitié railleuse, moitié sincère.

Soit, mais aujourd'hui, c'est trop tard, je ne suis plus à
marier, et je n'ai plus ma mère, malheureusement pour
vous.

NOURVADY.

Mais vous pouvez devenir veuve.

LIONNETTE.

Alors ! vous haïssez vraiment le comte ?

NOURVADY.

Oui, presque autant que je vous aime.

LIONNETTE.

Et vous voudriez le lui prouver.

NOURVADY.

C'est le second de mes rêves. Dans le service que je vous
ai rendu, je savais parfaitement quelle insulte je mettais
pour lui, et bien que je comptasse sur votre visite ici,
j'attendais auparavant chez moi celle de M. Godler et de
M. de Trévelé que j'avais laissés exprès chez vous hier
jusqu'à ce que le comte rentrât.

LIONNETTE.

Comme c'est agréable et commode de causer à cœur
ouvert et de jouer cartes sur table. Eh ! bien, monsieur,
si mon mari ne vous a pas encore envoyé ses deux amis,
c'est que, auparavant, il veut vous envoyer votre argent.
Il est parti pour le chercher.

NOURVADY.

Il ne le trouvera pas.

LIONNETTE.

Je le trouverai, moi, sans les ignominies prévues. Le
comte vous restituera en public ce que vous lui avez avancé
en secret et il ajoutera à cette restitution tout ce qui sera
nécessaire pour que votre haine se trouve vraiment dans
son droit.

NOURVADY.

Il me soufflettera?

LIONNETTE.

Ce n'est pas douteux.

NOURVADY.

Je le tuerai.

LIONNETTE.

Ce n'est pas sûr; il est brave. Un homme qui ne craint pas la mort sur le terrain a chance de la donner.

NOURVADY.

Faites des vœux pour lui, c'est votre devoir d'épouse d'abord, et puis ma mort sera un heureux événement, une bonne affaire pour vous.

LIONNETTE.

Parce que?

NOURVADY.

Parce que, n'ayant pas un parent, pas un ami vrai dans ce monde, comme il convient à un millionnaire comme moi, parce que vous aimant, comme on doit aimer, dans la vie et dans la mort, j'ai fait mon testament, dans lequel je dis que vous êtes la personne la plus belle et la plus pure que j'aie jamais rencontrée; que votre mari, qui m'aura tué, vous aura injustement soupçonnée, et que je vous prie, en échange du soupçon dont mon admiration et mon respect ont été involontairement cause, de vouloir bien accepter, pour votre fils, tout ce que je possède, bien que je déteste aussi votre fils.

LIONNETTE.

Pourquoi?

NOURVADY.

Parce que cet enfant est la preuve vivante de votre amour pour votre mari.

LIONNETTE, à part.

Hélas! l'enfant ne prouve rien. (Haut.) Allons, tout cela n'est pas commun et vous finiriez peut-être par me convaincre, — avec votre mort — en admettant que tout soit vrai. Si ce n'est pas vrai, c'est assez bien trouvé.

NOURVADY.

Pourquoi mentirais-je? Et que voulez-vous que je fasse de ma fortune si je meurs? A quoi peut-elle me servir sans la vie et, dans la vie, à quoi peut-elle me servir sans vous? Or, si je meurs, mon testament est là, à côté des titres de propriété de cette maison que vous n'auriez eu qu'à signer, si vous aviez consenti à en être propriétaire, de mon vivant, (Il montre un meuble au fond) et votre argent de poche est ici. (Il montre le coffre.)

LIONNETTE.

Ah! c'est vrai! Le fameux million. — C'est là le tentateur de l'heure présente. — Le tabernacle du veau d'or. Eh! bien, voyons-le... Après ce que vous m'avez dit, qui sait, votre Dieu me convertira peut-être.

Elle a marché vers le coffret dont elle ouvre le côté supérieur. — L'or contenu jusque-là se répand sur le panneau ouvert.

LIONNETTE regardant cet or.

C'est vraiment beau, comme tout ce qui a une force. Il
y a là, l'ambition, l'espérance, le rêve, l'honneur et le déshonneur, la perte et le salut de centaines, de milliers de
créatures, peut-être ; il n'y a rien pour moi. Si j'aimais mon
mari, je prendrais probablement ce million pour le sauver ;
ce serait une des mille bassesses que ce qu'on appelle
l'amour vrai fait commettre. Mais, décidément, je n'aime personne et je n'aime rien. (Refermant violemment le coffret.) Battez-vous,
tuez-vous, vivez ou mourez, vous m'êtes indifférents l'un et
l'autre ; vous m'avez insultée tous les deux, chacun à votre
façon et toujours au nom de l'amour ! Ah ! si vous saviez
comme ce que vous appelez l'amour m'est de plus en plus
odieux ! Mais, pour me faire croire à l'amour, montrez-
moi donc un homme qui respecte ce qu'il aime ! Je vous
aime, c'est-à-dire, vous êtes belle et votre chair me tente !
C'est à cette tentation que j'ai dû le mari qui m'outrage, c'est
à cette tentation que je dois l'outrage que vous me faites ! Un
prince n'a pu résister à ce qu'il appelait, lui aussi, son amour
pour une jolie fille, et me voilà au monde, à cause de cela !
il faut que je souffre à cause de cela ! et que je me vende
peut-être aussi à mon tour, toujours à cause de cela ! Et
ce père n'a pas osé m'aimer devant tout le monde, moi,
sa fille ; lui, un roi ! Mais, au moins, il m'a quelquefois
pressée sur son cœur en cachette ; il a pleuré, car il souf-
frait, lui aussi ! En tenant ma tête dans ses mains, il m'a dit,
il est le seul qui m'ait dit : « Sois toujours une honnête
femme ; c'est le fond des choses, vois-tu, » et je l'ai cru et j'ai
voulu être une honnête femme comme il me l'avait demandé, et cela me mène, à quoi ? à être traitée comme la
dernière des créatures par celui à qui je suis restée fidèle ;
et voilà monsieur qui m'offre de m'entretenir ! Son père a gagné

beaucoup de millions dans la banque, et lui, son fils, voudrait m'acheter, pendant que je suis encore belle, bien entendu. Pourquoi pas? Mais, mon cher, je suis née d'un désir et d'une corruption ; ils ne m'ont pas fait de cœur; avec quoi voulez-vous donc que je vous aime? Je n'estimais pas ma mère, vous ne savez pas ce que c'est que de ne pas estimer sa mère! Mon mari est un ignorant, un oisif, un maladroit qui aurait dû me guider, qui n'a pas su et que je ne reverrai jamais. Voilà où j'en suis. Quant à mon fils, j'avais besoin de secours, je l'ai pris hier dans mes bras, il m'a dit : « J'aime mieux aller jouer. » Eh! bien, qu'il se tire d'affaire sans le déshonneur maternel, ce sera une nouveauté dans la famille et ce sera mon dernier luxe. N'importe; à travers toutes ces vénalités et toutes ces erreurs, il a passé tout à coup un des premiers gentilshommes du monde, et il a tout changé en passant. J'ai du sang royal dans les veines. Vous ne m'aurez jamais! Adieu. (Elle se dirige vers la porte du fond. On entend deux coups violents et précipités du timbre de la cour.) Qu'est-ce que c'est que ça?

NOURVADY.

Un visiteur qui se trompe. (Sonnant.) Attendez! (Le valet de chambre paraît.) Qu'est-ce que c'est?

LE VALET DE CHAMBRE.

Ce sont plusieurs hommes qui sonnent à la porte, mais nous n'avons pas ouvert.

Pendant ce temps Lionnette s'est couverte de ses voiles.

NOURVADY.

C'est bien! N'ouvrez pas.

Deux coups de marteau de la porte cochère, un temps et deux nouveaux coups.

UNE VOIX, au dehors.

Pour la troisième fois, ouvrez.

LIONNETTE, qui était allée regarder à travers les rideaux de la fenêtre.

Mon mari! avec ces hommes. Ah! c'est complet...

NOURVADY.

Cachez-vous ici.

Il montre la porte à droite.

LIONNETTE, affolée de colère.

Moi, me cacher! Allons donc! pour qui me prenez-vous? Je n'ai rien fait de mal. — Tous ces gens-là sont fous décidément. — Je veux les voir de près. (Nourvady est allé fermer la porte du fond à clef. Lionnette a arraché ses voiles, déchiré le fichu qui couvrait ses épaules et déroulé ses cheveux en secouant la tête.) C'est quand j'étais ainsi que mon mari me trouvait le plus belle! C'est bien le moins qu'il me revoie comme il aimait à me voir.— Suis-je vraiment belle ainsi?

NOURVADY.

Oh ! oui, bien belle.

LIONNETTE.

Et vous m'aimez?

NOURVADY.

Profondément.

LIONNETTE.

Et toute votre vie sera à moi?

NOURVADY.

Toute ma vie.

LIONNETTE.

Vous le jurez ?

NOURVADY.

Sur l'honneur.

Il s'approche vivement d'elle. Devant ce mouvement elle étend ses bras nus en les croisant sur son visage qu'elle recule. Nourvady couvre ses bras de baisers.

UNE VOIX, derrière la porte que Nourvady a fermée.

Ouvrez !

NOURVADY.

Qui êtes-vous ?

LA VOIX.

Au nom de la loi.

NOURVADY.

Je suis chez moi. Je refuse.

JEAN, *du dehors.*

Enfoncez cette porte.

LIONNETTE.

Le lâche !

LA VOIX.

C'est à moi de donner des ordres ici, à moi seul. Pour la dernière fois, voulez-vous ouvrir ?

NOURVADY.

Non !

LA VOIX.

Forcez cette porte.

NOURVADY, à Lionnette.

Dites-moi que vous m'aimez.

LIONNETTE.

Hé! oui! je vous aime, puisqu'il le veut.

Pendant ces derniers mots, la porte a été fortement ébranlée et elle cède avec éclat.

SCÈNE III

LES MÊMES, JEAN, LE COMMISSAIRE DE POLICE,
SON SECRÉTAIRE, DEUX AGENTS.

Par un mouvement involontaire, Lionnette s'est jetée du côté opposé à celui où elle était avec Nourvady. Ils se trouvent ainsi séparés; Nourvady marche au-devant du commissaire de police. Lionnette s'assied sur le canapé, à moitié étendue, un bras sur le dos du canapé, l'autre sur la petite table qui est là. Elle a le visage aux trois quarts tourné vers le public, dans une attitude de colère et de défi pour ce qui se passe en scène. Jean la montre au commissaire et veut courir à elle. Le commissaire l'arrête du geste.

LE COMMISSAIRE.

En vertu d'un mandat régulier, je suis requis pour venir, à la demande de M. le comte Victor-Charles-Jean de Hun, ici présent, constater chez monsieur Nourvady la présence clandestine de madame la comtesse Lionnette de Hun, épouse dudit comte Victor-Charles-Jean de Hun, et pour établir devant la loi le délit d'adultère.

NOURVADY.

Monsieur!

LE COMMISSAIRE.

Veuillez garder le silence, monsieur, et ne répondre qu'à mes questions, si je crois devoir vous en faire. (A Jean.) Monsieur est bien monsieur Nourvady que vous accusez de complicité avec votre femme?

JEAN.

Oui.

LE COMMISSAIRE, à Lionnette.

Niez-vous, madame?

LIONNETTE.

Non. Je suis bien la comtesse Lionnette de Hun, femme légitime de monsieur, hélas!

LE COMMISSAIRE, à un agent.

Veillez à ce que personne ne pénètre ici! (Au secrétaire.) Asseyez-vous et écrivez.

Le secrétaire s'assied et se prépare à écrire.

NOURVADY, au commissaire.

Mais enfin, monsieur!

LE COMMISSAIRE.

Je suis commissaire de police de votre arrondissement, monsieur, voici mes insignes. (Il montre le bout de son écharpe. Dictant au secrétaire.) Nous étant présenté à l'un des domiciles du sieur Nourvady....

LIONNETTE.

Il y a erreur, monsieur! M. Nourvady n'est pas ici chez lui, mais chez moi; cette maison m'appartient ainsi que tout ce qui s'y trouve. Veuillez faire ouvrir ce meuble qui est à votre gauche, vous y trouverez mes titres de propriété faisant foi de ce que j'avance.

LE COMMISSAIRE, à un des agents.

Ouvrez. (L'agent lui donne les papiers qu'il trouve dans le meuble. Le commissaire parcourt ces papiers.) Ces papiers ne sont pas tout à fait en règle ; c'est une acquisition faite en votre nom, mais vous ne l'avez pas ratifiée, et il y manque votre signature. (Il parle en portant les papiers à Lionnette.)

LIONNETTE, prenant les papiers et signant.

Elle y est ; et comme M. le comte de Hun et moi nous sommes mariés sous le régime de la séparation de biens et qu'il m'a donné légalement le droit d'acquérir et de disposer, je ne sais pas ce qu'il vient faire ici, chez moi.

JEAN, menaçant.

Madame !

LE COMMISSAIRE.

Silence, monsieur, je vous en prie. (Dictant.) Nous nous sommes présenté à la maison qui nous a été indiquée comme étant un des domiciles de M. Nourvady. Notre visite était prévue et ordre avait été donné aux serviteurs de n'ouvrir à personne. Après trois sommations légales de notre part et trois refus des personnes enfermées dans une chambre du premier étage, nous avons enfoncé la porte et nous avons trouvé dans cette chambre un homme et une femme qui ont reconnu être, l'homme, M. Nourvady, la femme, madame la comtesse Lionnette de Hun. Ladite dame, lorsque nous avons attribué à M. Nourvady la propriété de l'hôtel, nous a déclaré formellemen* et fourni les preuves notariées qu'elle était propriétaire de l'hôtel où nous la trouvions, et elle a affirmé que M. Nourvady était en visite chez elle.

JEAN.

Veuillez ajouter, monsieur, que j'ai renié toute partici-
pation à la propriété de cet hôtel, acquis sans mon consentement par des moyens illégitimes qui seront des preuves
à la charge de la coupable.

LE COMMISSAIRE, au secrétaire.

Consignez la déclaration de M. le comte de Hun. (Dictant.)
Après les refus qui nous ont été faits d'abord par les gens
de la maison, puis par M. Nourvady... C'est bien vous,
monsieur, qui avez refusé d'ouvrir cette porte? (Il se tourne
vers Nourvady.)

NOURVADY.

Oui, monsieur.

LE COMMISSAIRE.

Après le refus fait et réitéré à trois reprises par M. Nourvady de nous ouvrir la porte de la chambre dans laquelle
il était enfermé avec madame la comtesse de Hun, bien
que, d'après la déclaration de cette dernière, il ne fût pas
chez lui, mais chez elle, et qu'elle seule eût dû, par conséquent, prendre la parole en cette circonstance; après ces
refus réitérés, rien ne nous a fourni les preuves évidentes
du délit que le plaignant voulait nous faire constater.

En parlant ainsi, le commissaire a parcouru la scène regardant les meubles
et soulevant les portières qui séparent le salon des autres chambres.

JEAN.

La présence de madame dans cette maison suffit pour
prouver le crime.

LE COMMISSAIRE.

Non, monsieur.

JEAN.

En pareille matière l'intention suffit.

LE COMMISSAIRE.

Nous ne sommes pas ici pour juger d'après des intentions, mais pour constater d'après des faits.

JEAN, ramassant les voiles de Lionnette.

Que vous faut-il de plus que ce triple voile qui prouve que madame est venue ici en se cachant le visage, comme je l'ai vu, du reste, puisque je l'ai suivie; étrange manière de rentrer chez soi, puisqu'elle prétend être chez elle; (Montrant Lionnette.) mais, regardez donc, monsieur; que vous faut-il de plus ?

LE COMMISSAIRE.

Du calme, monsieur, autant que possible. La loi fera son devoir, si pénible qu'il soit. (Il dicte.) Cependant l'attitude et la tenue de la dame de Hun, au moment de notre entrée, étaient au moins équivoques. La chevelure à moitié tombée sur les épaules...

NOURVADY, au commissaire.

Veuillez enregistrer, monsieur, qu'à cet endroit de votre procès-verbal, j'ai pris la parole, et que j'ai affirmé, de toutes mes forces et sur l'honneur, l'innocence complète et absolue de madame Lionnette de Hun, dont, quelles que soient les apparences, l'honneur ne doit pas être soupçonné une minute.

LIONNETTE, très calme d'abord, mais s'exaltant peu à peu jusqu'au délire.

Et moi, en face du scandale que monsieur a voulu produire, et tout en sachant gré à M. Nourvady de l'affirmation qu'il vient de faire et qui est du devoir de tout galant

5

homme qui veut sauver l'honneur d'une femme, je la déclare fausse, et les faits que la loi ne peut constater, je les
déclare absolument vrais. M. Nourvady était enfermé avec
moi par ma volonté, parce qu'il était, parce qu'il est mon
amant.

JEAN, courant à elle. Le commissaire se place entre eux.

Madame !

LIONNETTE.

Quelle que soit la peine des adultères, je la mérite. (Au
secrétaire qui hésite.) Écrivez, monsieur, je n'ai pas fini. Écrivez.
(Elle s'est levée et marche jusqu'à la table où le secrétaire écrit.) Pour qu'il n'y
ait pas d'erreur possible dans les débats scandaleux qui
vont suivre cette scène, et pour que monsieur n'ait pas à
se disculper d'avoir porté sur moi un soupçon injuste et
précipité, je déclare que non seulement je me suis donnée
à M. Nourvady parce que je l'aimais, mais parce qu'il
est riche et que je suis pauvre; qu'après avoir ruiné
mon mari, je me suis vendue, incapable que j'étais de
supporter la misère. Le prix de ma chute est là : un million en or frappé exprès pour moi! Mon mari avait donc
raison hier quand il me traitait comme une prostituée.
J'en suis une, et très heureuse de l'être. Et si ce que je
vous dis ne vous convainc pas, s'il vous faut des preuves
en voilà! (Elle trempe ses bras nus dans l'or et en jette des poignées autour
d'elle. A Jean.) Et vous, monsieur, si vous avez besoin d'argent, prenez-en : après l'infamie que vous commettez en
ce moment, il ne vous reste plus que celle-là à commettre.

JEAN, marchant vers elle. Elle le regarde en face, Jean se laisse tomber sur
une chaise.

Madame!... Ah !

LIONNETTE, à Nourvady.

Et maintenant me croyez-vous bien à vous?

JEAN.

En présence de l'insolence et de l'audace de la prévenue, je requiers son arrestation immédiate.

LE COMMISSAIRE.

Je connais les droits que la loi me donne et les devoirs que j'ai à remplir. Tout ce qui a été dit a été consigné au procès-verbal; je borne là mon ministère. (A Nourvady.) Puisque vous n'êtes pas chez vous, monsieur, vous pouvez vous retirer; seulement, comme l'avenue est pleine de monde en face de la porte principale, quittez la maison par cette issue, un de mes agents va vous rejoindre pour que le gardien vous laisse passer.

> Il montre la gauche. Nourvady salue Lionnette et sort par la gauche
> en passant devant Jean qui, les bras croisés et debout, ne veut
> pas voir le salut provocant que Nourvady lui fait.

LE COMMISSAIRE, à Lionnette.

Quant à vous, madame, puisque vous êtes chez vous, rentrez, croyez-moi, dans votre appartement, et, si vous voulez sortir, ne sortez que quelque temps après notre départ, quand il n'y aura plus de curieux dehors et que vous serez sûre de ne pas être insultée.

LIONNETTE.

Merci, monsieur.

> Elle sort par la porte de droite.

LE COMMISSAIRE, à Jean.

Je vais remettre mon rapport à M. le juge d'instruction. Vous avez dix jours pour retirer votre plainte, monsieur, plainte que vous avez peut-être eu tort de porter. Cette femme s'accuse trop. Pour moi, elle est innocente. Sortez de cette maison avant moi, monsieur. On nous a vus entrer ensemble, si nous sortions de même, on vous reconnaîtrait pour le mari et l'on pourrait vous dire des choses désagréables. Les Français n'aiment pas les maris qui font surprendre leur femme par le commissaire de police. J'ai bien l'honneur de vous saluer.

Jean salue et sort. Le commissaire revient s'asseoir auprès de son secrétaire pour remplir les dernières formalités.

ACTE TROISIÈME

Même décor qu'au premier acte.

SCÈNE PREMIÈRE

JEAN, GODLER, TRÉVELÉ.

Godler est assis, Trévelé debout, Jean marche dans une grande agitation.

GODLER.

Et alors ?

JEAN, s'asseyant.

Alors, au moment où j'allais partir pour aller chez ma sœur, et tout le monde me croyant parti, car je n'avais pas voulu coucher dans cette maison, tout à coup j'ai été poursuivi de cette idée de me cacher, et si ma femme sortait, de la suivre, de me convaincre, et, si elle me trompait, de la flétrir publiquement. Ce matin je l'ai vue sortir voilée, prendre une voiture de place et se rendre dans cette

maison des Champs-Élysées. C'était clair. J'ai été requérir
le commissaire de police, justement voisin de cet hôtel. Il
hésitait encore; mais la crainte d'un plus grand malheur,
d'un crime auquel j'étais résolu, l'a décidé, et, sur le refus
que faisait M. Nourvady de nous ouvrir sa porte, on l'a
ouverte de force.

TRÉVELÉ.

Et la comtesse était là?

JEAN.

Oui.

TRÉVELÉ.

Avec Nourvady?

JEAN.

Oui.

GODLER, après un temps.

Et il est certain pour vous?...

JEAN.

Les cheveux défaits, les bras nus, le corsage ouvert! Et
une effronterie! et une impudence! (Se levant et prenant
sa tête dans ses mains.) J'ai vu cela, j'ai vu cela. Cet homme
a fait ce qu'il a pu pour la disculper, pour la sauver.
Il a donné sa parole d'honneur qu'il n'y avait rien
entre elle et lui. Ce n'était pas par gentilhommerie, car
celui qui vient chez vous, qui vous serre la main, et qui
prend, qui vole, qui achète votre femme, celui-là n'a rien
du gentilhomme. Mais je ne sais pas pourquoi je parle
de cet homme! Après tout, ce n'est pas lui qui est coupable;
il a fait son métier d'homme, ce que nous avons tous fait,
ce que nous faisons tous. Il a vu une belle créature,

coquette, aimant le luxe, ruinée, sans cœur et sans
entrailles, sans souci de son nom, de son mari, de son
enfant, sans la moindre reconnaissance, sans le moindre
souvenir même de tout ce que j'avais fait pour elle. Il lui
a offert de l'acheter, elle a consenti; il l'a payée un million, c'est cher; car une femme qui se vend, combien cela
vaut-il au fond? Moi, je l'ai payée de mon nom, de la mort
et de la malédiction de ma mère, c'est plus cher encore. Ma
mère avait vu juste. Elle est vengée. Je n'ai pas le droit de
me plaindre.

s'assied et pleure la tête dans ses deux mains.

GODLER, ému.

Mon pauvre vieux!

JEAN.

Je vous demande pardon. Ce n'est pas pour dire tout
cela que je vous ai priés de venir, mais enfin, je n'ai
plus personne. Me voilà seul sur la terre. Vous êtes mes
amis, vous me l'avez dit du moins, et puis, vous ne veniez
pas chez moi pour me la prendre, n'est-ce pas? Enfin,
voyons, tâchons de mettre de l'ordre dans mes idées. Je
n'ai plus très bien ma tête, vous comprenez cela. Cependant,
vous êtes convaincus, n'est-ce pas, que je suis un honnête
homme? c'est pour cela que j'ai voulu vous voir. Il faut
que vous me disiez que vous m'estimez toujours. J'ai pu
être assez épris, assez fou — j'étais si jeune alors! hélas!
j'ai cent ans aujourd'hui, — j'ai pu être assez fou pour
épouser une créature indigne de moi, mais, vous me
croyez, vous me savez incapable de toute complicité avec
elle; vous êtes bien certains que je ne suis pour rien dans
toutes ces saletés d'argent? et quand je serai parti, quand
je serai mort, car il faudra bien que j'en meure, d'une ma-

nière ou d'une autre, vous direz bien, vous affirmerez bien,
vous jurerez bien que j'ignorais tout. J'aurai perdu ma
mère, ma croyance, ma fortune, ma vie pour cette
femme, soit, mais au moins que l'honneur me reste !

GODLER.

Comptez sur nous, mon cher ami, et sachez que nous
vous tenons pour le plus galant homme du monde, que
votre loyauté a toute notre estime, et votre malheur toute
notre sympathie.

Trévelé serre les mains de Jean de son côté.

TRÉVELÉ, à part.

Pauvre diable !

JEAN.

Alors, vous comprenez pourquoi j'ai fait ce scandale au
lieu de provoquer cet homme. Si j'avais été tué, un soupçon
aurait toujours plané sur ma mémoire. M. Nourvady avait
payé les dettes de ma femme ; on aurait dit que je n'avais
pas trouvé que ce fût assez, que j'avais demandé plus, qu'il
s'y était refusé, qu'alors je l'avais provoqué ; qu'il m'avait
tué, et que c'était bien fait. Si je l'avais tué, au contraire,
on eût dit pis encore, que j'avais attendu qu'il eût payé
toutes les dettes de la maison, qu'il eût donné à ma femme
une fortune, car elle a un hôtel somptueux, un million à
elle, tout cela bien en règle, qu'après tous ces honteux tra-
fics, j'avais tué cet amant généreux, et que c'était là ma
manière de solder mes créanciers et de faire aller mon mé-
nage. C'est pour cela que j'ai fait ce que j'ai fait. J'ai voulu
un scandale bien clair, bien net, bien retentissant, d'où il

ressortirait qu'elle est une misérable, et que je suis un honnête homme.... et puis, en attendant, et avant tout, il faut que je le rembourse.

GODLER.

Sur le terrain où vous avez placé la situation, et je comprends maintenant ce que, avec les habitudes de notre monde, je n'avais pas compris tout de suite, sur le terrain où vous avez placé la situation, vous n'avez plus à intervenir autrement, — quoi qu'il arrive.

JEAN.

Comment, quoi qu'il arrive?

GODLER.

On ne sait jamais ! Le cœur humain...

JEAN.

Vous me croyez assez faible, assez amoureux, assez lâche pour pardonner à cette femme, après ce qu'elle a fait ! Vous voyez bien que vous me méprisez. C'est ma faute. Ma faiblesse passée donne droit à toutes les suppositions.

GODLER.

Je ne crois rien, je ne suppose rien, mais tout cela me paraît fort obscur, et la passion vous a peut-être fait voir ce qui n'est pas. Tout ce que je sais, c'est qu'hier, ici même, Nourvady, avant de nous quitter, a parlé bas et assez longuement à la comtesse. Je ne pouvais rien entendre, mais tout en paraissant écouter Trévelé, qui me racontait je ne sais quelle bêtise...

TRÉVELÉ.

Va toujours.

GODLER.

Je regardais à la dérobée madame de Hun. Non seulement elle n'écoutait pas avec complaisance son interlocuteur, mais deux ou trois fois son attitude et ses regards ont témoigné de sa colère. Elle a jeté violemment quelque chose par cette fenêtre. Quoi? je n'en sais rien, un billet, un bijou, une bague, et quand Nourvady a pris congé d'elle, elle a dit : L'insolent! (A Trévelé.) Est-ce vrai?

TRÉVELÉ.

C'est vrai...

JEAN.

Elle a changé d'avis après; la nuit porte conseil; et elle n'en est que plus coupable, puisqu'elle savait bien ce qu'elle faisait. Ne parlons plus d'elle, j'aurai assez à y penser le reste de ma vie, ce ne sera pas long, heureusement. Maintenant, je vais partir parce que je n'ai pas d'argent, et qu'il faut que j'en trouve.

GODLER.

Mon cher ami !..

JEAN.

Il va sans dire que je ne vous en demande pas, et que je n'en accepterais pas. Je me confie à vous, parce que vous êtes les seuls que je puisse considérer à peu près comme des amis, dans notre monde où l'on en a si peu ; et ce que vous ne me donnerez pas en amitié, vous me le donnerez en estime et en compassion.

Godler et Trévelé lui serrent la main.

TRÉVELÉ.

Mais la comtesse, où est-elle?

JEAN.

Elle est dans son hôtel des Champs-Elysées, sans doute.

TRÉVELÉ.

Alors, elle ne viendra pas ici?

JEAN.

Elle peut y venir; la maison est à elle; elle peut y demeurer tant qu'elle voudra. C'est moi qui ne suis pas ici chez moi, et qui n'y viens que pour faire mes derniers préparatifs de départ.

TRÉVELÉ.

Et Raoul? votre fils?

JEAN, avec un rire amer.

Ètes-vous bien sûr qu'il soit mon fils?

TRÉVELÉ.

Que la colère ne vous égare pas.

JEAN.

En tout cas, il est le fils de cette femme; je ne veux plus le voir. Qu'elle le garde, qu'elle le fasse vivre de sa vie nouvelle. C'est lui alors qui me vengera un jour. Quand il aura vingt ans il l'insultera. Ou bien non. Le tribunal qui prononcera notre séparation, ordonnera que l'enfant soit mis dans un collège ou dans un pensionnat d'où sa mère ne pourra plus le faire sortir.

TRÉVELÉ.

A son âge! Il sera bien malheureux.

JEAN.

Tant mieux pour lui. Il souffrira plus tôt, il comprendra
plus vite.

UN DOMESTIQUE, entrant.

Monsieur Richard.

JEAN, à part.

Ce n'est pas moi qui l'ai fait demander? Sait-il quelque
chose?...

GODLER.

Voulez-vous que nous vous laissions?

JEAN.

Non. Je n'ai rien à dire que vous ne puissiez entendre,
à moins que vous n'ayez affaire....

TRÉVELÉ.

Non, rien. (A Godler.) Ni toi non plus, n'est-ce pas?

GODLER.

Moi non plus. (A Trévelé, en peignant ses favoris et en ramenant sa
mèche.) Florimonde m'attend.

TRÉVELÉ.

Elle t'attend avec quelqu'un. Sois tranquille, elle ne
s'ennuie pas en t'attendant.

SCÈNE II

Les Mêmes, RICHARD.

RICHARD, bas, à Jean.

Je sais tout, monsieur le comte.

JEAN, haut.

Ces messieurs aussi...

RICHARD, saluant.

Messieurs ! (A Jean.) J'ai reçu un mot de la comtesse qui me priait de passer tout de suite chez le commissaire de police prendre copie du procès-verbal, comme avoué chargé de ses intérêts dans le procès qui aura lieu. Elle me donnait rendez-vous.

JEAN.

Où cela ?

RICHARD.

Ici. Elle savait bien que je ne serais pas allé autre part.

JEAN.

Alors, elle est là ?

RICHARD.

Oui.

JEAN.

Vous l'avez vue ?

RICHARD.

Non ; mais le valet de chambre me l'a dit, et il est allé la prévenir. Je voulais vous voir en attendant.

JEAN.

Et les gens savent déjà ?

RICHARD.

Rien, rien du tout. Le commissaire de police a défendu toute communication aux journaux, et ce n'est ni la comtesse, ni vous, ni M. Nourvady, ni nous, n'est-ce pas, messieurs? qui révélerons quoi que ce soit de cette triste affaire. Les domestiques de la maison des Champs-Élysées savent ce qui s'est passé, mais ils ignorent le nom de la femme. Le scandale sera bien assez grand au moment du procès. Inutile d'initier le public avant.

JEAN.

Eh ! bien, vous le voyez, l'affaire est bien simple. Nous étions séparés de biens, madame de Hun et moi ; nous serons séparés de corps.... et nous ne nous reverrons plus, voilà tout.

LA FEMME DE CHAMBRE, entrant.

Madame la comtesse fait dire à monsieur Richard que lorsqu'il aura fini de causer avec M. le comte, elle sera heureuse de le voir.....

JEAN, à la femme de chambre.

Dites à madame la comtesse que M. Richard ira la retrouver dans quelques minutes. (La femme de chambre sort.) Ah ! Elle a de l'audace. Quand une femme a pris son parti de l'infamie et du déshonneur, c'est effrayant. (A Richard.) Dites-

lui bien qu'elle n'a rien à craindre ni à espérer de moi,
dont elle n'entendra plus parler qu'au tribunal qui nous
jugera. Au revoir, mon cher monsieur Richard ; vous êtes
son avoué, son ami, vous devez naturellement et légalement prendre fait et cause pour elle. Je ne vous en voudrai pas de tout ce que vous serez forcé d'énoncer contre
moi. Messieurs, nous pouvons nous retirer ; donnez-moi
encore quelques moments.

Les trois hommes sortent.

SCÈNE III

RICHARD, puis LIONNETTE.

*Richard va prendre son chapeau. Au moment où il se dispose à entrer chez
Lionnette, celle-ci paraît.*

LIONNETTE.

J'aime mieux vous recevoir ici, mon cher monsieur
Richard, puisqu'on nous y laisse seuls. Ma chambre et mon
salon particulier sont encombrés ; on fait mes malles ; les
gens sont là et nous ne pourrions causer. Si je vous ai
fait appeler tout à l'heure, c'était pour que le comte sût
bien que j'étais ici et que j'étais pressée de vous voir.
Vous avez eu la bonté de faire ce que je vous ai demandé ?

RICHARD.

Oui.

LIONNETTE.

Alors, je n'ai rien à vous apprendre ?

RICHARD.

Non. Tout cela est donc vrai?

LIONNETTE.

Tout ce qu'il y a de plus vrai.

RICHARD.

Cependant, hier?

LIONNETTE.

Les événements ont marché, et j'ai mieux aimé en finir
tout de suite. J'ai eu raison. Je suis plus calme que je ne
l'ai été de ma vie. Je sais enfin ce que je veux et où je
vais. C'est beaucoup, quoi que l'on fasse. J'avais beau me
débattre, il paraît que je devais finir courtisane. — Vrai,
je ne m'y sentais pas de dispositions. Frivole, prodigue,
mais pas dépravée. Enfin, on l'a voulu, c'était inévitable :
c'était écrit; c'était héréditaire. Mon cher monsieur Richard, j'ai quelques renseignements à vous demander, parce
que je suis encore un peu inexpérimentée dans ma nouvelle
profession; mais du moment qu'on fait les choses, il faut les
faire franchement, n'est-il pas vrai? Eh! bien, voici les
titres d'une propriété que j'ai acquise.

RICHARD.

Cher?

LIONNETTE.

Oui, très cher.

RICHARD.

Et payée?

LIONNETTE.

Et payée.

RICHARD.

Vrai ?

LIONNETTE.

Payée ou non, voici les titres. (Remettant les titres sur la table et chancelant peu à peu.) Maintenant, je possède encore, toutes mes dettes payées, car elles le sont, je possède encore un million en or, tout neuf. C'est superbe à voir.

RICHARD.

Asseyez-vous, on dirait que vous allez tomber. Vous êtes toute pâle, vous avez le sang au cœur.

LIONNETTE, avec un grand effort.

Ne craignez rien, je suis forte. Je ne peux pas garder éternellement un million en or... si beau qu'il soit... c'est encombrant, et puis on pourrait me le voler... et l'argent... c'est tout dans le monde! sans compter qu'en numéraire ce million ne rapporterait rien... et je veux qu'il rapporte... je voudrais donc le placer... le mieux possible. Il faudrait me le placer incessible et insaisissable, comme la petite rente qui reste à M. de Hun, pour que j'aie du pain aussi dans mes vieux jours. Je suis si dépensière. C'est sur vous que je compte pour cela.

RICHARD.

Et où est-il, ce million ?

LIONNETTE.

Il est là-bas, chez moi, dans la maison que j'ai... achetée, dans un coffre, que j'ai même oublié de fermer, par parenthèse... de sorte qu'il y a des pièces d'or un peu partout...

6

sur la table... sur les tapis... Le commissaire de police ouvrait des yeux!... Si les valets en ont pris, vous ne direz rien... Je suis riche... car il y a aussi, dans un meuble, un testament de M. Nourvady, qui, en cas de mort, me laisse toute sa fortune : quarante millions. Cela en vaut la peine ! mais la mort est comme toutes les choses de ce monde, il ne faut pas trop compter sur elle.

RICHARD, à part.

Pauvre créature !

LIONNETTE.

Vous avez déjà ma procuration du temps que mes affaires étaient embrouillées. Elle vous servira pour prendre possession de ma maison et de mon capital... en mon absence. Il doit y avoir aussi des bijoux, beaucoup de bijoux dans les armoires; je ne sais pas lesquelles, par exemple; je ne les ai pas ouvertes; je n'y ai pas pensé! Vous prendrez tout en dépôt chez vous. Je n'en ai pas besoin en voyage... et puis on m'en donnera bien d'autres — maintenant; on m'en donnera tant que je voudrai.

RICHARD.

Et vous partez avec M. Nourvady?

LIONNETTE.

Nous partons aujourd'hui même.

RICHARD.

C'est convenu?

LIONNETTE.

Je pense; — je ne l'ai pas encore revu, mais je tiens absolument à partir aujourd'hui.

RICHARD.

Et où est le rendez-vous ?

LIONNETTE.

Je suppose qu'on viendra me prendre ici.

RICHARD.

Tout bonnement ?

LIONNETTE.

Tout bonnement, à moins qu'on n'ait déjà assez de moi...
cela peut arriver... Tout arrive... Ce serait drôle.

RICHARD.

Alors vous aimez M. Nourvady ?

LIONNETTE, espérant tromper Richard.

Follement et depuis longtemps déjà. Je luttais. Et puis,
franchement, au point où j'en étais, c'était le seul parti à
prendre.

RICHARD.

Et votre mari ?

LIONNETTE, sincère.

Oh ! lui ! c'est autre chose, je le hais... mais je le hais
bien... par exemple...

RICHARD.

Et votre enfant ?

LIONNETTE.

Je vois où vous voudriez en venir, mon cher monsieur
Richard... vous voudriez m'attendrir. Touchez mes mains,

elles sont froides; écoutez ma voix, elle ne tremble pas;
si vous mettiez la main sur mon cœur, vous verriez qu'il
ne bat pas une pulsation de plus qu'à l'ordinaire. Vous es-
pérez encore qu'il y a du remède à ce qui est arrivé... il
n'y en a pas... il ne peut pas y en avoir. S'il y en avait un,
je le repousserais. Voulez-vous que je vous ouvre le fond
de mon âme? Je mérite ce qui m'arrive. J'accusais souvent
ma mère, parce que les coupables accusent toujours quelqu'un des fautes qu'ils commettent, mais je ne vaux
pas mieux qu'elle. Il y a trop de mélanges en moi, et je
deviendrais folle à tenter de m'y reconnaitre.. Je suis tout
logiquement ma destinée. Je ne serai pas la première qui
aura porté la honte comme un panache, surtout dans ce
temps-ci, et qu'est-ce que cela changera dans le monde?
C'était à moi d'être économe ou laide! Ces deux hommes, qui
se haïssent et qui s'entendent pour me perdre, valent encore
mieux que moi, puisqu'ils aiment, que l'un souffre et que
l'autre désire, tandis que je ne désire plus rien, que je ne
souffre plus de rien, et que ce dénouement va paraître tout
naturel à tous ceux qui m'auront connue. C'est horrible;
c'est monstrueux... c'est comme cela, et je vous le dis parce
que, grâce à Dieu, je n'ai plus personne à tromper. Et, là-
dessus, je vais au vice que je n'aime pas plus que le reste,
comme je suis allée au mariage et à la maternité, sans savoir
pourquoi. Pas de cœur! pas de cœur, voilà le fond. Créature
de luxe et de plaisir. Vous me demanderez alors pourquoi
je ne me tue pas, pourquoi je ne m'achève pas, c'est le
mot? ce serait plus vite fait et cela simplifierait tout. Hier,
j'étais prête à mourir pour éviter le déshonneur. Aujourd'hui,
à quoi bon? Je suis déshonorée. Qu'est-ce que vous voulez
que je tue en moi? rien n'y vit, et il paraît que je peux
encore donner le plaisir, l'amour, le bonheur peut-être.
Vous vous dites que tout cela est impossible parce que vous

vous rappelez votre mère, votre femme, vos enfants à vous.
Oui, il y a, en effet, des mères, des femmes, des enfants... et
puis il y a des êtres qui ont ces mêmes formes et qui por-
tent ces mêmes noms, mais qui ne sont pas la même
chose. — Qu'est-ce que vous désirez encore savoir?

RICHARD.

Je ne discute pas; seulement embrassez votre fils une
dernière fois.

LIONNETTE.

Pourquoi le déranger? Il joue sans doute.

RICHARD.

Je vais le chercher.

LIONNETTE.

Non, je vous en prie. (Richard marche vers la chambre.) Je ne le
veux pas.

Le domestique paraît.

LE DOMESTIQUE.

M. Nourvady demande si madame la comtesse peut le
recevoir.

LIONNETTE, d'un ton naturel.

Certainement! (A Richard.) Adieu, mon cher monsieur Richard... Je vous écrirai si j'ai encore quelques instructions
à vous donner. Mes amitiés à votre femme... si elle ne sait
encore rien.

RICHARD.

No restez pas ongtemps ici, co sera plus prudent.

LIONNETTE.

Jo pars tout de suite.

Le domestique laisse passer Nourvady et sort.

NOURVADY.

Vous m'excusez, madame?

LIONNETTE.

De quoi?

NOURVADY.

De venir vous trouver ici.

LIONNETTE.

Partout où je suis, n'avez-vous pas le droit d'y venir, et
je vous attendais; je le disais à l'instant à M. Richard qui
est au courant.

RICHARD.

Adieu, comtesse.

LIONNETTE, lui tendant la main, avec une émotion involontaire et visible.

Adieu, mon cher Richard.

RICHARD, saluant froidement Nourvady.

Monsieur... (Il sort.)

SCÈNE IV

LIONNETTE, NOURVADY, puis RAOUL.

LIONNETTE.

Vous paraissez tout troublé.

NOURVADY.

C'est à cause de vous.

LIONNETTE.

Je croyais que vous ne vous troubliez jamais! C'est la scène de tantôt qui vous a agité !

NOURVADY.

D'abord...

LIONNETTE.

Le fait est que vous avez dû être humilié par la façon d'entrer de ce commissaire ! et les millions n'y pouvaient rien. Moi, je suis tout à fait remise. Vous m'aimez toujours?

NOURVADY.

Vous le demandez.

LIONNETTE.

On ne sait pas. Le cœur change si vite; vous voyez, ce matin je ne vous aimais pas; il n'est pas cinq heures et je vous aime. (Elle sonne deux fois violemment.)

NOURVADY.

Vous êtes fiévreuse, vous aussi...

LIONNETTE.

Ça passera...

A la femme de chambre qui est entrée.

Apportez-moi ce qu'il faut pour sortir.

NOURVADY.

Votre mari est dans cette maison?

LIONNETTE.

Oui.

NOURVADY.

Vous l'avez vu?

LIONNETTE.

Non...

NOURVADY.

C'est pourtant pour vous voir qu'il y est revenu.

LIONNETTE.

Pas plus que je n'y suis venue pour le rencontrer. Nous habitions ici, nous partons tous les deux, chacun de notre côté, nous venons chercher ce qui nous appartient. Il est évident, que lui et moi, nous aimerions mieux, en ce moment, être autre part. C'est vous qui ne devriez pas être ici; mais, depuis ce matin, c'est curieux, nous sommes tous où nous ne devrions pas être. (A la femme de chambre qui rentre.) C'est bien, mettez ça là ! (La femme de chambre dépose un chapeau, des gants, un manteau de voyage et sort.)

NOURVADY.

Je suis retourné à votre hôtel, espérant vous y retrou-

ver. Vous étiez partie; j'ai supposé que vous étiez ici.
Ce domestique qui m'a annoncé et qui ignore évidemment
ce qui s'est passé...

LIONNETTE.

Personne n'en sait encore rien, sauf les intéressés.

NOURVADY.

Ce domestique m'a demandé s'il fallait m'annoncer à
monsieur ou à madame. C'est comme cela que j'ai su que
votre mari était ici en même temps que vous. J'ai été au
moment de dire à cet homme : Annoncez-moi à monsieur.

LIONNETTE.

Qu'est-ce que vous pouviez avoir à lui dire maintenant?

NOURVADY.

Il est venu vous chercher chez moi; je viens vous chercher chez lui. Vous êtes une femme, vous ne comprenez
pas certaines injures.

LIONNETTE.

Croyez-vous?

NOURVADY.

Cet homme a forcé ma porte; il l'a brisée même. Il vous
a insultée devant moi, moi qui vous aime.

LIONNETTE.

Il faut dire qu'il m'aime aussi, c'est son excuse.

NOURVADY.

Vous prenez sa défense.

LIONNETTE, tout en mettant son chapeau, son manteau et ses gants.

Ah! Dieu, non! Eh! bien, qu'est-ce que vous lui auriez
dit si vous vous étiez fait annoncer chez lui, dans le cas
où il vous aurait reçu; mais je doute qu'il vous eût reçu
après ce qui s'est passé.

NOURVADY.

S'il avait refusé de me recevoir, j'aurais enfoncé sa
porte à mon tour, et...

LIONNETTE.

Ah! je vous défends bien de le provoquer maintenant...
Si j'étais veuve par vous... ou s'il vous tuait, vous ne
pourriez pas m'épouser... et si, un jour, nous pouvions
légitimer la situation fausse que nous allons avoir, j'en
serais si heureuse! remettons-nous-en à la Providence,
comme disait ma mère. Là-dessus je suis prête... partons!...

Au moment où elle se retourne pour sortir, Raoul entre et se jette dans ses
jambes pour l'embrasser.

RAOUL.

Maman!

LIONNETTE, surprise et troublée.

Ah! c'est toi! tu m'as fait peur!

RAOUL.

Embrasse-moi.

LIONNETTE, l'embrassant froidement.

Tu penses donc à t'embrasser aujourd'hui! (Avec un soupir
C'est un peu tard.

RAOUL.

Où vas-tu?

LIONNETTE.

Je sors.

RAOUL.

Quand reviendras-tu?

LIONNETTE.

Je ne sais pas.

RAOUL.

Aujourd'hui?

LIONNETTE.

Aujourd'hui.

RAOUL.

Emmène-moi.

LIONNETTE.

C'est impossible.

RAOUL.

Pourquoi? Il fait si beau !

LIONNETTE.

Je vais trop loin. Je t'enverrai des joujoux, sois tranquille.

RAOUL.

J'aime mieux aller avec toi.

LIONNETTE.

Impossible, te dis-je. Allons, laisse-moi passer.

RAOUL.

Non.

LIONNETTE.

Il le faut, mon enfant.

NOURVADY, très agité, très impatienté pendant cette scène, et qui a marché à droite et à gauche, pour voir si quelqu'un venait.

Voilà quelqu'un.

LIONNETTE, un peu plus dure.

Voyons, laisse-moi.

RAOUL.

Non.

Il se plante devant sa mère.

NOURVADY, prenant l'enfant par le bras et le jetant loin de lui.

Mais laisse-nous donc !

L'enfant tourne sur lui-même, tombe et reste sans mouvement, Lionnette s'arrête, regarde avec stupeur ce qui s'est passé, recule, prend sa tête dans ses mains, pousse un cri déchirant et se jette sur Nourvady, qu'elle saisit à la gorge, comme pour l'étrangler.

LIONNETTE.

Misérable ! misérable !

NOURVADY, qu'elle a frappé à l'épaule, qui se sent défaillir et qui ne veut pas se défendre, d'une voie affaiblie.

Vous me faites mal.

LIONNETTE, le lâchant.

Partez ! partez. Je vous étrangle. Je vous tue. Mon enfant ! mon enfant!

Elle pousse plusieurs cris et se jette à corps perdu sur son enfant.

RICHARD, qui est entré pendant cette scène, à Nourvady.

Partez, monsieur, partez, au nom du ciel ! assez de malheurs comme cela.

Il fait d'sparaître Nourvady

RAOUL, se relevant à moitié.

Je n'ai rien..., maman... je n'ai rien, je t'assure.

Lionnette, à genoux, pressant la tête de Raoul contre son sein et l'embrassant avec rage, sanglote sans pouvoir s'arrêter.

RICHARD, près d'elle.

Sauvée ! vous êtes sauvée !

LIONNETTE, avec des sanglots saccadés accentuant chaque mot.

Oui, oui, oui, sauvée ! (A Richard.) Ah ! j'étais folle... j'étais folle !... Mais quand cet homme a porté la main sur mon enfant, c'est effrayant ce qui s'est passé en moi ! Je ne sais pas comment je ne l'ai pas tué. Qu'est-ce que c'est qu'un homme en lutte avec une mère. Car je suis une mère, je le suis... Oh ! je sentais bien au fond que cela ne pouvait pas être. Richard, vous aviez deviné, vous. Les honnêtes gens, ça devine !... Ils veulent les lettres de mon père, c'est bien, ils les auront, vous vendrez tout, vous paierez, vous rembourserez ce monsieur. Tout sera dit. Allez chercher mon mari. (Richard sort.) Je veux le voir avant de mourir, car je vais mourir, je le sens bien.

Elle laisse tomber sa tête sur le dos du canapé et perd à moitié connaissance.

RAOUL, montant sur le canapé, prenant la tête de sa mère dans ses mains et l'embrassant :

Maman, maman, maman... ne meurs pas, je t'en prie.

LIONNETTE, revenant à elle.

Non, non, je vivrai puisque je t'aime !..

Elle le couvre de baisers et ne voit pas Jean qui rentre avec Richard qui lui montre le tableau. Jean recule ne comprenant pas encore. Godler et Tré- velé regardent et rejoignent Jean, qui ne peut détacher ses yeux du groupe de la mère et de l'enfant. Richard touche l'épaule de Lionnette qui se re- tourne et qui voit Jean.

SCÈNE V

LIONNETTE, JEAN, RAOUL, RICHARD, GODLER, TRÉVELÉ.

LIONNETTE à Jean en courant à lui et en tombant à genoux.

Ne me quitte plus. Je t'expliquerai tout. Je comprends, je vois clair! Je suis innocente, je te le jure! je te le jure! je te le jure.! Nous vivrons modestement dans un coin, où tu voudras. Qu'est-ce que cela me fait maintenant que mon enfant m'a donné une âme !

Elle se rejette sur son fils.

JEAN, dans les bras de Godler et de Trévelé.

Mes amis, mes amis, je deviens fou !

GODLER.

Vous pouvez vous vanter d'avoir une vraie femme, vous !

TRÉVELÉ, le poussant :

Allez donc lui baiser les pieds.

Lionnette est assise sur le canapé, tenant la tête de son fils sur les genoux et la tête renversée en arrière dans un sentiment de lassitude et de bien-être. Jean s'est précipité à ses genoux, et lui baise la main qu'elle a de libre. Elle tend l'autre à Richard.

LIONNETTE, à Richard.

Il était temps.

RICHARD.

Oui. Un cri d'enfant! cela suffit. Quand tout est bien désespéré, Dieu a de ces moyens-là.

JEAN.

Je te crois et je t'aime.

LIONNETTE, avec un long soupir de joie.

Ah! que je suis heureuse!

GODLER, s'essuyant les yeux.

Est-ce bête, à mon âge!

TRÉVELÉ, s'essuyant les yeux, à Godler, et pour cacher son émotion.

Ramène ta mèche.

Château de Salneuve, septembre 1860.

FIN.

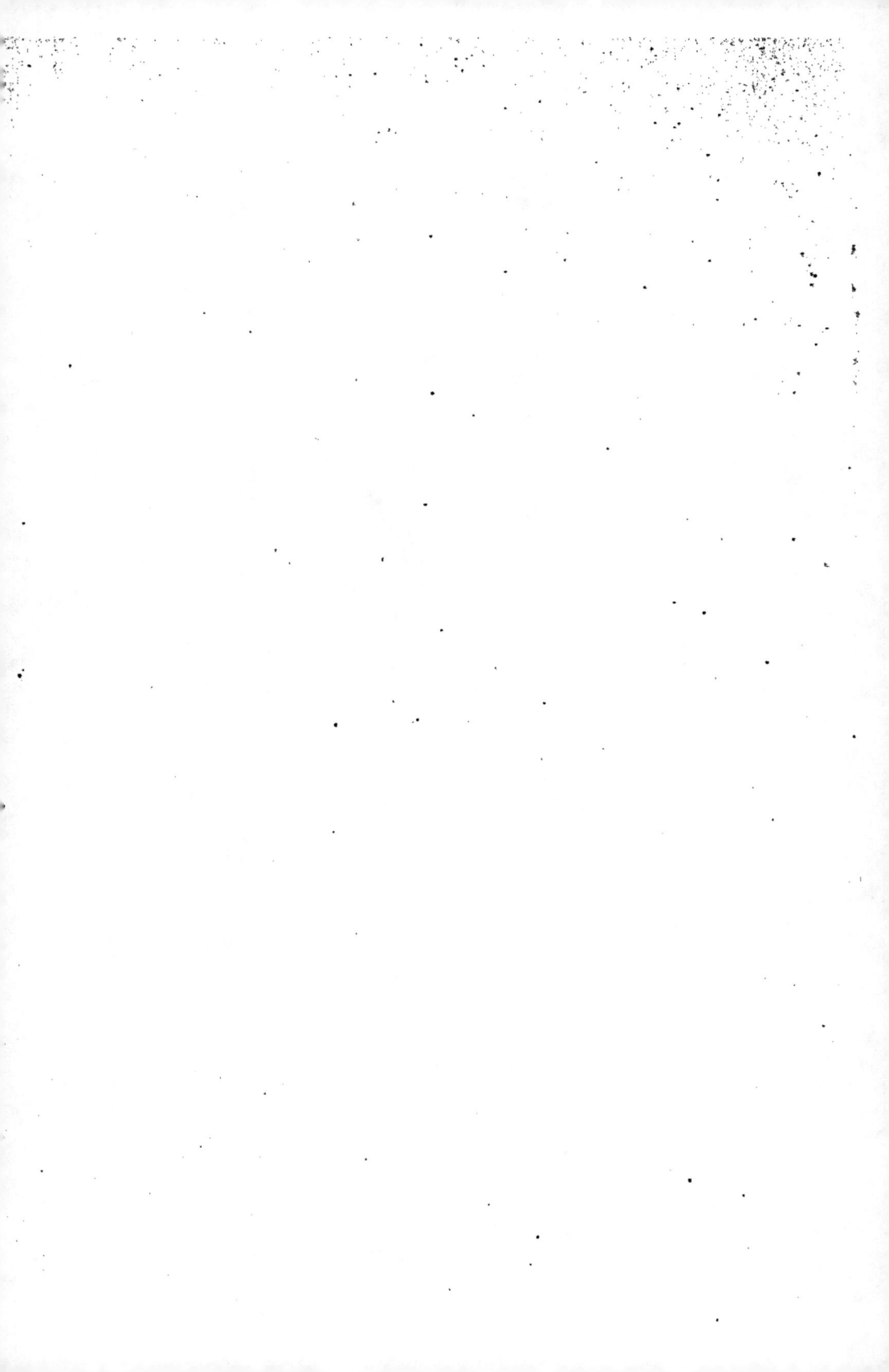

www.ingramcontent.com/pod-product-compliance
Lightning Source LLC
Chambersburg PA
CBHW060628100426
42744CB00008B/1541